I libretti d'Opera

T0080928

Nuova collana a cura di Eduardo Rescigno

Gaetano Donizetti

Don Pasquale

Dramma buffo in tre atti

di

Giovanni Ruffini

Testi a cura di Eduardo Rescigno

LB 136993
ISBN 978-88-7592-471-3

Avvertenza. Ripubblichiamo qui senza varianti, se non di ordine tipografico, il libretto stampato (con traduzione francese a fronte) in occasione della prima rappresentazione dell'opera al Théâtre Italien di Parigi il 3 gennaio 1843 ("**Don Pasquale** / Dramma buffo in tre atti / Musica del maestro Gaetano Donizetti / Decorazioni de' SS. Ferri e Luigi Verardi. / Parigi / dai torchi di Lange Levy e Comp. / Rue du Croissant. / 1842"). Sono segnalate in nota tutte le varianti del testo del libretto rispetto alla partitura autografa, secondo la revisione curata da Piero Rattalino (Casa Ricordi, Milano 1971) (sigla **P**). I riferimenti al libretto *Ser Marcantonio* di Angelo Anelli – fonte primaria del *Don Pasquale* – sono basati sull'edizione pubblicata per la prima rappresentazione dell'opera al Teatro alla Scala di Milano, 26 settembre 1810 (sigla **Anelli**).

Indice

Il compositore

Gaetano Donizetti nasce a Bergamo, nel quartiere periferico della città alta Borgo Canale, il 29 novembre 1797, da Andrea (che forse a quel tempo è tessitore, e in seguito diventerà portiere del Monte di Pietà) e da Domenica Nava, tessitrice. Nel 1806 viene accolto in una scuola di musica gratuita denominata "Le Lezioni Caritatevoli", voluta e diretta dal compositore Simon Mayr. Questi fu il primo maestro di Donizetti, e lo iniziò alla conoscenza dello strumentalismo tedesco; inoltre lo fece cantare in un suo oratorio e nella farsa *Alcide al bivio*, e gli diede il ruolo di protagonista nell'operina scolastica *Il piccolo compositore di musica*, rappresentata nel 1811, che contiene qualche brano composto dal giovane allievo.

Dal 1815 al 1817 Donizetti, a spese della Congregazione di Carità di Bergamo, è a Bologna, a studiare con Padre Mattei, l'allievo prediletto di Padre Martini. Dopo varie e interessanti composizioni strumentali, e alcuni tentativi operistici non rappresentati, Donizetti inizia la carriera teatrale nel 1818 con l'*Enrico di Borgogna*, su libretto dell'amico d'infanzia Bartolomeo Merelli, che ha una discreta accoglienza e che frutta successivi contratti. Ma è solo con la *Zoraide di Granata*, rappresentata a Roma nel 1822, che il giovane compositore raggiunge un consistente successo. I contratti per Roma e per Napoli si infittiscono, ma Donizetti raggiunge anche la Scala con *Chiara e Serafina* (1822). Nel 1825-26 ottiene l'incarico di "maestro di Cappella" al Teatro Carolino di Palermo, ma scrive ancora per Napoli; nel 1827 si lega con un contratto (dodici opere in tre anni) con il più importante impresario del tempo, Domenico Barbaja, assumendo anche la direzione del Teatro Nuovo di Napoli. Nel giugno 1828 sposa a Roma Virginia Vasselli, di famiglia agiata, mentre continua freneticamente l'attività di operista: quattro opere nuove nel 1827, tre nel 1828 e altre tre nel 1829, e ancora tre nei primi otto mesi del 1830. Tranne una per Roma e una per Genova, sono tutte destinate a Napoli.

Il 26 dicembre 1830 presenta al Teatro Carcano di Milano l'*Anna Bolena*, su libretto di Felice Romani, con Giuditta Pasta e Giovanni Battista Rubini: il trionfo di quest'opera segna l'inizio di un nuovo e ancor più intenso periodo creativo, che tocca tutte le principali piazze della penisola. Negli anni successivi scrive tre, quattro opere all'anno, che vengono rappresentate a Milano, a Napoli, a Roma, a Firenze. Nel 1834 viene nominato insegnante di contrappunto e composizione al Reale Collegio di Musica di Napoli, mentre Rossini gli fa ottenere la commissione per un'opera da rappresentare al Théâtre Italien di Parigi: sarà il *Marin Faliero*, che vede la luce nel marzo 1835. Poco dopo fa rappresentare a Napoli la *Lucia di Lammermoor*, che lo impone, dopo la morte di Bellini, come il maggior operista d'Europa. Segue un periodo particolarmente infelice, perché tra la fine del 1835 e l'estate dell'anno seguente gli muoiono i genitori, due figli e la moglie, e gli viene negata la nomina a direttore del Reale Collegio di Musica. Nel frattempo il suo catalogo di operista continua ad arricchirsi con produzioni destinate a Venezia e a Napoli, fino alla *Maria di Rudenz* del gennaio 1838.

Affiorano in Donizetti i sintomi di una grave malattia, e l'attività rallenta; ma già nel 1840 riprende intensamente a comporre, anche se sempre più spesso afflitto da forti dolori di capo: scrive soprattutto per Parigi, ma anche per Roma, per Milano e per Vienna. Nel 1842 dirige a Bologna e poi a Vienna lo *Stabat Mater* di Rossini, poi nasce l'ultimo capolavoro comico, il *Don Pasquale* (Parigi 1843), e altre due opere serie per Vienna e per Parigi. Nel 1844 si adopera per il successo dell'*Ernani* verdiano a Vienna, poi torna a Parigi in condizioni di salute precaria. All'inizio del 1846 viene internato con un inganno nel manicomio di Ivry-sur-Seine, e l'isolamento aggrava ulteriormente le sue condizioni di salute. Alla fine del 1847, ormai del tutto incosciente, viene trasportato a Bergamo, dove si spegne l'8 aprile 1848 senza aver più avuto momenti di lucidità.

1. Il Pigmalione

Scena lirica in un atto, libretto di anonimo, tratto dal libretto *Pimmalione* di Simeone Antonio Sografi, già musicato da Giovanni Battista Cimador (1790), derivato dalla scena lirica *Pygmalion* (1770) di Jean-Jacques Rousseau, musica di Horace Coignet e J.-J. Rousseau.

Composta nel 1816.

Prima rappresentazione postuma: Bergamo, Teatro Donizetti, 13 ottobre 1960.

2. L'ira di Achille

Opera seria in due atti, libretto di anonimo, tratto dal libretto omonimo di Felice Romani, già musicato da Giuseppe Nicolini (1815).

Composta nel 1817, incompleta: solo il primo atto e un duetto del secondo atto.

Non rappresentata.

3. Enrico di Borgogna

Opera semiseria in due atti, libretto di Bartolomeo Merelli, tratto dalla commedia *Der Graf von Burgund* (1795) di August von Kotzebue.

Prima rappresentazione: Venezia, Teatro di San Luca, 14 novembre 1818.

4. Una follia (altro titolo: *Il ritratto parlante*)

Farsa in un atto, libretto di Bartolomeo Merelli, tratto dal libretto omonimo di Leone Andrea Tottola, già musicato da Giacomo Cordella (1813).

Partitura perduta.

Prima rappresentazione: Venezia, Teatro di San Luca, 17 dicembre 1818.

5. Pietro il Grande, Kzar delle Russie (altro titolo: *Il falegname di Livonia*)

Melodramma burlesco in due atti, libretto di Gherardo Bevilacqua Aldovrandini, tratto dalla commedia *Le Menuisier de Livonie, ou Les illustres voyageurs* (1805) di Alexandre Duval.

Prima rappresentazione: Venezia, Teatro di San Samuele, 26 dicembre 1819.

---

6. Le nozze in villa

Opera buffa in due atti, libretto di Bartolomeo Merelli, tratto dalla commedia *Die deutschen Kleinstädter* (1802) di August von Kotzebue.

Prima rappresentazione: Mantova, Teatro Vecchio, Stagione di Carnevale 1820-21.

---

7. Zoraide di Granata

Opera seria in due atti, libretto di Bartolomeo Merelli, tratto dal romanzo *Gonzalve de Cordoue* (1791) di Jean-Pierre Claris de Florian.

Prima rappresentazione: Roma, Teatro Argentina, 28 gennaio 1822.

Nuova versione, libretto rimaneggiato da Jacopo Ferretti: Roma, Teatro Argentina, 7 gennaio 1824.

---

8. La zingara

Opera semiseria in due atti, libretto di Leone Andrea Tottola, tratto dalla commedia *La petite Bohémienne* (1816) di Louis-Charles Caigniez.

Prima rappresentazione: Napoli, Teatro Nuovo, 12 maggio 1822.

9. La lettera anonima

Farsa in un atto, libretto di Giulio Genoino, tratto dalla commedia *Mélite, ou Les fausses lettres* (1630) di Pierre Corneille.
Prima rappresentazione: Napoli, Teatro del Fondo, 29 giugno 1822.

10. Chiara e Serafina, ossia I pirati

Opera semiseria in due atti, libretto di Felice Romani, tratto dalla commedia *La Citerne* (1809) di René-Charles-Guilbert de Pixérécourt.
Prima rappresentazione: Milano, Teatro alla Scala, 26 ottobre 1822.

11. Alfredo il Grande

Opera seria in due atti, libretto di Leone Andrea Tottola, derivato dal libretto di Bartolomeo Merelli *Alfredo il grande, Re degli Anglosassoni*, già musicato da Simon Mayr (1820).
Prima rappresentazione: Napoli, Teatro San Carlo, 2 luglio 1823.

12. Il fortunato inganno

Opera buffa in due atti, libretto di Leone Andrea Tottola.
Prima rappresentazione: Napoli, Teatro Nuovo, 3 settembre 1823.

13. L'ajo nell'imbarazzo

Opera buffa in due atti, libretto di Jacopo Ferretti, tratto dalla commedia omonima (1807) di Giovanni Giraud.
Prima rappresentazione: Roma, Teatro Valle, 4 febbraio 1824.
Nuova versione, in napoletano, con il titolo *Don Gregorio*: Napoli, Teatro Nuovo, 11 giugno 1826.

14. Emilia di Liverpool

Opera semiseria in due atti, libretto di anonimo, già musicato da Vittorio Trento con il titolo *Emilia di Laverpaut* (1817), tratto dalla commedia *Die väterlich Erwartung* (1788) di August von Kotzebue.
Prima rappresentazione: Napoli, Teatro Nuovo, 28 luglio 1824.
Nuova versione, con libretto rimaneggiato da Giuseppe Checcherini: Napoli, Teatro Nuovo, 8 marzo 1828.

15. Alahor in Granata

Opera seria in due atti, libretto di M. A., adattamento del libretto *L'esule di Granata* di Felice Romani, già musicato da Giacomo Meyerbeer (1822), tratto dal romanzo *Gonzalve de Cordoue* (1791) di Jean-Pierre Claris de Florian.
Prima rappresentazione: Palermo, Teatro Carolino, 7 gennaio 1826.

16. Elvida

Opera seria in un atto, libretto di Giovanni Schmidt.
Prima rappresentazione: Napoli, Teatro San Carlo, 6 luglio 1826.

17. Gabriella di Vergy

Opera seria in due atti, libretto di Leone Andrea Tottola, già musicato da Michele Enrico Carafa (1816), tratto dalla tragedia *Gabrielle de Vergy* (1777) di Dormont de Belloy.
Composta a Napoli nel 1826; rimaneggiata nel 1838.
Prima rappresentazione postuma, rimaneggiamento di Giuseppe Puzone e Paolo Serrao, col titolo *Gabriella*: Napoli, Teatro San Carlo, 29 novembre 1869.

18. Olivo e Pasquale

Opera buffa in due atti, libretto di Jacopo Ferretti, tratto dalla commedia omonima (1794) di Simeone Antonio Sografi.
Prima rappresentazione: Roma, Teatro Valle, 7 gennaio 1827.
Nuova versione: Napoli, Teatro Nuovo, 1° settembre 1827.

19. Otto mesi in due ore (altro titolo: *Gli esiliati in Siberia*)

Opera romantica in tre parti, libretto di Domenico Gilardoni, tratto dal dramma *La figlia dell'esiliato, ossia Otto mesi in due ore* (1820) di Luigi Marchionni, che è un adattamento del dramma *La Fille de l'exilé, ou Huit mois en deux heures* (1819) di René-Charles-Guilbert de Pixérécourt.
Prima rappresentazione: Napoli, Teatro Nuovo, 13 maggio 1827.
Nuova versione, libretto rimaneggiato da Antonio Alcozer: Livorno, 1831.

20. Il borgomastro di Saardam

Opera buffa in due atti, libretto di Domenico Gilardoni, tratto dal dramma *Le Bourgmestre de Saardam* (1818) di Mélesville, Jean-Toussaint Merle e Jean-Bernard-Eugène Cantiran de Boire.
Prima rappresentazione: Napoli, Teatro del Fondo, 19 agosto 1827.

21. Le convenienze teatrali

Farsa in un atto, libretto di Gaetano Donizetti, tratto dalla commedia omonima (1794) di Simeone Antonio Sografi.
Prima rappresentazione: Napoli, Teatro Nuovo, 21 novembre 1827.
Nuova versione in due atti, con il titolo *Le convenienze ed inconvenienze teatrali*, libretto rimaneggiato da Gaetano Donizetti, utilizzando anche la commedia *Le inconvenienze teatrali* (1800) di Simeone Antonio Sografi: Milano, Teatro alla Canobbiana, 20 aprile 1831.

22. L'esule di Roma, ossia Il proscritto

Opera seria in due atti, libretto di Domenico Gilardoni, tratto dal dramma *Il proscritto romano, ossia Il leone del Caucaso* (1820) di Luigi Marchionni, a sua volta derivato dal dramma *Androclès, ou Le Lion reconnaissant* (1804) di Louis-Charles Caigniez.
Prima rappresentazione: Napoli, Teatro San Carlo, 1° gennaio 1828.

23. Alina, regina di Golconda

Opera buffa in due atti, libretto di Felice Romani, tratto dal ballo eroico *Aline, reine de Golconde* (1766) di Michel-Jean Sedaine, musicato da Pierre-Alexandre Monsigny.
Prima rappresentazione: Genova, Teatro Carlo Felice, 12 maggio 1828.
Nuova versione: Roma, Teatro Valle, 10 ottobre 1829.

24. Gianni di Calais

Opera semiseria in tre atti, libretto di Domenico Gilardoni, tratto dalla commedia *Jean de Calais* (1810) di Louis-Charles Caigniez.
Prima rappresentazione: Napoli, Teatro del Fondo, 2 agosto 1828.

25. Il paria

Opera seria in due atti, libretto di Domenico Gilardoni, tratto dalla tragedia *Le Paria* (1821) di Casimir-Jean-François Delavigne.
Prima rappresentazione: Napoli, Teatro San Carlo, 12 gennaio 1829.

26. Il giovedì grasso (altro titolo: *Il nuovo Pourcegnac*)

Farsa in un atto, libretto attribuito a Domenico Gilardoni, tratto dal vaudeville *Encore un Pourceaugnac, ou Les Limousins vengés* (1817) di Eugène Scribe e Delestre-Poirson.

Prima rappresentazione: Napoli, Teatro del Fondo, 26 febbraio 1829.

27. Elisabetta al castello di Kenilworth (altro titolo: *Il Castello di Kenilworth*)

Opera seria in tre atti, libretto di Leone Andrea Tottola, tratto dal dramma omonimo (1824) di Gaetano Barbieri, derivato dal romanzo *Kenilworth* (1821) di Walter Scott.

Prima rappresentazione: Napoli, Teatro San Carlo, 6 luglio 1829.

28. I pazzi per progetto

Farsa in un atto, libretto di Domenico Gilardoni, tratto dalla commedia omonima (1819) di Giovan Carlo Cosenza, derivata dal vaudeville *Une visite à Bedlam* (1818) di Eugène Scribe e Delestre-Poirson.

Prima rappresentazione: Napoli, Teatro del Fondo, 6 febbraio 1830.

29. Il diluvio universale

Azione tragico-sacra in tre atti, libretto di Domenico Gilardoni, tratto dalla tragedia *Il diluvio* (1788) di Francesco Ringhieri, dal dramma *Heaven and Earth, a Mystery* (1823) di George Gordon Byron e dal poema *The Loves of the Angels* (1823) di Thomas Moore.

Prima rappresentazione: Napoli, Teatro San Carlo, 6 marzo 1830.

Nuova versione: Genova, Teatro Carlo Felice, 17 gennaio 1834.

30. Imelda de' Lambertazzi

Opera seria in due atti, libretto di Leone Andrea Tottola, derivato dal libretto *Imelda* dello stesso autore, già musicato da Sgricci (1827), tratto dalla tragedia *Imelda* (1825) di Gabriele Sperduti.
Prima rappresentazione: Napoli, Teatro San Carlo, 5 settembre 1830.

31. Anna Bolena

Opera seria in due atti, libretto di Felice Romani, tratto dalla tragedia *Henry VIII* (1791) di Marie-Joseph Chénier, nella traduzione di Ippolito Pindemonte (*Enrico VIII, ossia Anna Bolena*, 1816), e dalla tragedia *Anna Bolena* (1788) di Alessandro Pepoli.
Prima rappresentazione: Milano, Teatro Carcano, 26 dicembre 1830.

32. Gianni di Parigi

Opera comica in due atti, libretto di Felice Romani, già musicato da Francesco Morlacchi (1818), tratto dal libretto *Jean de Paris* di Claude Godard d'Aucourt de Saint-Just, musicato da Adrien Boïeldieu (1812).
Composta nel 1831.
Prima rappresentazione: Milano, Teatro alla Scala, 10 settembre 1839.

33. Francesca di Foix

Opera semiseria in un atto, libretto di Domenico Gilardoni, tratto dal libretto *Françoise de Foix* di Jean-Nicolas Bouilly e Louis-Emmanuel-Félicité-Charles Mercier Dupaty, musicato da Henry-Montan Berton (1809).
Prima rappresentazione: Napoli, Teatro San Carlo, 30 maggio 1831.

34. La romanziera e l'uomo nero

Farsa in un atto, libretto di Domenico Gilardoni, tratto dal vaudeville *L'Homme noir* (1820) di Eugène Scribe e Jean-Henry Dupin, e dal vaudeville *Le Coiffeur et le perruquier* (1824) di Eugène Scribe, Mazères e Saint-Laurent.
Prima rappresentazione: Napoli, Teatro del Fondo, 18 giugno 1831.

35. Fausta

Opera seria in due atti, libretto di Domenico Gilardoni e Gaetano Donizetti.
Prima rappresentazione: Napoli, Teatro San Carlo, 12 gennaio 1832.

36. Ugo, conte di Parigi

Opera seria in due atti, libretto di Felice Romani, tratto dalla tragedia *Blanche d'Aquitaine* (1827) di Hippolyte-Louis-Florent Bis.
Prima rappresentazione: Milano, Teatro alla Scala, 13 marzo 1832.

37. L'elisir d'amore

Melodramma giocoso in due atti, libretto di Felice Romani, tratto dal libretto *Le Philtre* (1831) di Eugène Scribe, musicato da Daniel-François-Esprit Auber.
Prima rappresentazione: Milano, Teatro alla Canobbiana, 12 maggio 1832.

38. Sancia di Castiglia

Opera seria in due atti, libretto di Pietro Salatino.
Prima rappresentazione: Napoli, Teatro San Carlo, 4 novembre 1832.

39. Il furioso all'isola di San Domingo

Opera semiseria in tre atti, libretto di Jacopo Ferretti, tratto dalla commedia omonima (1820) di anonimo, a sua volta tratta da un episodio del romanzo *El ingenioso hidalgo don Quijote de la Mancha* (parte I, capp. 23-27, 1605) di Miguel de Cervantes Saavedra.
Prima rappresentazione: Roma, Teatro Valle, 2 gennaio 1833.
Nuova versione: Milano, Teatro alla Scala, 1° ottobre 1833.

40. Parisina

Opera seria in tre atti, libretto di Felice Romani, tratto dal poema *Parisina* (1816) di George Gordon Byron.
Prima rappresentazione: Firenze, Teatro della Pergola, 17 marzo 1833.

41. Torquato Tasso

Opera semiseria in tre atti, libretto di Jacopo Ferretti, tratto dalla commedia storica omonima (1832) di Giovanni Rosini.
Prima rappresentazione: Roma, Teatro Valle, 9 settembre 1833.

42. Lucrezia Borgia

Opera seria in un prologo e due atti, libretto di Felice Romani, tratto dal dramma *Lucrèce Borgia* (1833) di Victor Hugo.
Prima rappresentazione: Milano, Teatro alla Scala, 26 dicembre 1833.
Nuova versione: Milano, Teatro alla Scala, 11 gennaio 1840.
Terza versione: Parigi, Théâtre Italien, 31 ottobre 1840.

43. Rosmonda d'Inghilterra

Opera seria in due atti, libretto di Felice Romani, già musicato (1829) da Carlo Coccia, modificato dallo stesso Romani.
Prima rappresentazione: Firenze, Teatro della Pergola, 27 febbraio 1834.
Nuova versione, 1837, col titolo *Eleonora di Gujenna*: non rappresentata.

44. Maria Stuarda

Tragedia lirica in quattro parti, libretto di Giuseppe Bardari, tratto dalla tragedia *Maria Stuart* (1800) di Friedrich Schiller.
Composta nel 1834, non rappresentata per divieto del re di Napoli Ferdinando II dopo la prova generale al Teatro San Carlo, nel settembre 1834 (vedi *Buondelmonte*).
Prima rappresentazione: Milano, Teatro alla Scala, 30 dicembre 1835.

45. Buondelmonte

Opera seria in due atti, rifacimento di *Maria Stuarda* (1834), libretto di Pietro Salatino, tratto dalla tragedia *Buondelmonte e gli Amidei* (1827) di Carlo Marenco.
Prima rappresentazione: Napoli, Teatro San Carlo, 18 ottobre 1834.

46. Gemma di Vergy

Opera seria in due atti, libretto di Giovanni Emanuele Bidera, tratto dalla tragedia *Charles VII chez ses grands vassaux* (1831) di Alexandre Dumas père.
Prima rappresentazione: Milano, Teatro alla Scala, 26 dicembre 1834.

47. Marin Faliero

Opera seria in tre atti, libretto di Giovanni Emanuele Bidera con aggiunte di Agostino Ruffini, tratto dalla tragedia omonima (1829) di Casimir-Jean-François Delavigne.
Prima rappresentazione: Parigi, Théâtre Italien, 12 marzo 1835.

48. Lucia di Lammermoor

Dramma tragico in due parti (tre atti), libretto di Salvatore Cammarano, tratto dal romanzo *The Bride of Lammermoor* (1819) di Walter Scott.
Prima rappresentazione: Napoli, Teatro San Carlo, 26 settembre 1835.
Nuova versione, libretto tradotto in francese da Alphonse Royer e Gustave Vaëz: Parigi, Théâtre de la Renaissance, 6 agosto 1839.

49. Belisario

Opera seria in tre atti, libretto di Salvatore Cammarano scritto nel 1832, tratto dal dramma omonimo di Luigi Marchionni, derivato dal dramma *Belisarius* (1820) di Eduard von Schenk.
Prima rappresentazione: Venezia, Teatro La Fenice, 4 febbraio 1836.

50. Il campanello

Farsa in un atto, libretto di Gaetano Donizetti, tratto dal vaudeville *La Sonnette de nuit* (1836) di Léon Lévy Brunsvick, Mathieu-Barthélemy Troin e Victor Lhérie.
Prima rappresentazione: Napoli, Teatro Nuovo, 1° giugno 1836.

51. Betly, ossia La capanna svizzera

Opera giocosa in un atto, libretto di Gaetano Donizetti, tratto dal libretto *Le Chalet* di Eugène Scribe e Mélesville, musicato da Adolphe Adam (1834).
Prima rappresentazione: Napoli, Teatro Nuovo, 21 agosto 1836.
Nuova versione in due atti: Napoli, Teatro del Fondo, 29 settembre 1837.

52. L'assedio di Calais

Opera seria in tre atti, libretto di Salvatore Cammarano, tratto dal dramma omonimo (1825) di Luigi Marchionni, a sua volta derivato dalla tragedia *Le siège de Calais* (1765) di Dormont de Belloy.
Prima rappresentazione: Napoli, Teatro San Carlo, 19 novembre 1836.

53. Pia de' Tolomei

Opera seria in due atti, libretto di Salvatore Cammarano, tratto dal dramma omonimo (1836) di Giacinto Bianco e dalla tragedia *La Pia de' Tolomei* (1836) di Carlo Marenco.
Prima rappresentazione: Venezia, Teatro Apollo, 18 febbraio 1837.
Nuova versione, con libretto rimaneggiato dallo stesso Cammarano: Senigallia, 31 luglio 1837.
Terza versione, con libretto rimaneggiato da autore non identificato: Napoli, Teatro San Carlo, 30 settembre 1838.

54. Roberto Devereux (altro titolo: *Il Conte di Essex*)

Opera seria in tre atti, libretto di Salvatore Cammarano, tratto dal dramma *Elisabeth d'Angleterre* (1829) di Jacques-Arsène-François-Polycarpe Ancelot.
Prima rappresentazione: Napoli, Teatro San Carlo, 28 ottobre 1837.

55. Maria de Rudenz

Opera seria in tre atti, libretto di Salvatore Cammarano, tratto dal dramma *La Nonne sanglante* (1835) di Auguste Anicet-Bourgeois.
Prima rappresentazione: Venezia, Teatro La Fenice, 30 gennaio 1838.

56. Poliuto

Opera seria in tre atti, libretto di Salvatore Cammarano, tratto dalla tragedia *Polyeucte martyr* (1642) di Pierre Corneille.
Composta nel 1838, proibita dal re di Napoli Ferdinando II.
Prima rappresentazione postuma: Napoli, Teatro San Carlo, 30 novembre 1848.

57. Le Duc d'Albe

Grand-opéra in quattro atti, libretto di Eugène Scribe e Charles Duveyrier, tratto dalla tragedia *Les Vêpres siciliennes* (1819) di Casimir-Jean-François Delavigne.
Composta a partire dal 1839, destinata all'Opéra di Parigi, rimasta incompiuta.
Prima rappresentazione postuma, completata da Matteo Salvi, traduzione italiana di Angelo Zanardini, col titolo *Il duca d'Alba*: Roma, Teatro Apollo, 22 marzo 1882.

58. La Fille du régiment

Opéra-comique in due atti, libretto di Jules-Henry de Saint-Georges e Jean-François-Albert Bayard.
Prima rappresentazione: Parigi, Théâtre de l'Opéra-Comique, 11 febbraio 1840.
Nuova versione, traduzione italiana di Calisto Bassi, col titolo *La figlia del reggimento*: Milano, Teatro alla Scala, 3 ottobre 1840.

59. Les Martyrs

Grand-opéra in quattro atti, rifacimento del *Poliuto* (1838), libretto di Eugène Scribe, tratto dalla tragedia *Polyeucte martyr* (1642) di Pierre Corneille.
Prima rappresentazione: Parigi, Théâtre de l'Opéra, 10 aprile 1840.

60. La Favorite

Grand-opéra in quattro atti, libretto di Alphonse Royer e Gustave Vaëz, revisionato da Eugène Scribe. Rifacimento di *L'Ange de Nisida*, di A. Royer e G. Vaëz, tratto dal dramma *Les amours malheureux, ou Le comte de Comminges* (1790) di François-Thomas de Baculard d'Arnaud, libretto che Donizetti aveva parzialmente musicato sul finire del 1839.
Prima rappresentazione: Parigi, Théâtre de l'Opéra, 2 dicembre 1840.

61. Adelia, o La figlia dell'arciere

Opera seria in tre atti, libretto di Felice Romani, *La figlia dell'arciere*, già musicato da Carlo Coccia (1834), con il terzo atto modificato da Girolamo Maria Marini.
Prima rappresentazione: Roma, Teatro Apollo, 11 febbraio 1841.

62. Rita, ou Le Mari battu

Opéra-comique in un atto, libretto di Gustave Vaëz.
Composta nel giugno 1841.
Prima rappresentazione postuma: Parigi, Théâtre de l'Opéra-Comique, 7 maggio 1860.

63. Maria Padilla

Opera seria in tre atti, libretto di Gaetano Rossi e Gaetano Donizetti, tratto dalla tragedia omonima (1838) di Jacques-Arsène-François-Polycarpe Ancelot.
Prima rappresentazione: Milano, Teatro alla Scala, 26 dicembre 1841.
Nuova versione: Trieste, Teatro Grande, 1° marzo 1842.

64. Linda di Chamounix

Opera semiseria in tre atti, libretto di Gaetano Rossi, tratto dal dramma *La Grâce de Dieu* (1841) di Adolphe-Philippe Dennery e Gustave Lemoine.
Prima rappresentazione: Vienna, Kärntnertortheater, 19 maggio 1842.
Nuova versione: Parigi, Théâtre Italien, 17 novembre 1842.

65. Don Pasquale

Dramma buffo in tre atti, libretto di Giovanni Ruffini, tratto dal libretto *Ser Marcantonio* di Angelo Anelli, già musicato da Stefano Pavesi (1808), a sua volta derivato dal libretto *Dritto e rovescio, ovvero Una delle solite trasformazioni nel mondo* (1801) di Giuseppe Foppa, scritto per la musica di Francesco Gardi.
Prima rappresentazione: Parigi, Théâtre Italien, 3 gennaio 1843.
  Don Pasquale: Luigi Lablache, basso
  Dottor Malatesta: Antonio Tamburini, baritono
  Ernesto: Mario [Giovanni Matteo Cavaliere di Candia], tenore
  Norina: Giulia Grisi, soprano
  Un Notaro: Federico Lablache, basso
  Scene: Ferri e Luigi Verardi

66. Ne m'oubliez pas

Opéra-comique in tre atti, libretto di Jules-Henry de Saint-Georges.
Composta nella primavera 1843, limitatamente a sette brani.
Non rappresentata.

67. Maria di Rohan

Opera seria in tre atti, libretto di Salvatore Cammarano, con alcune modifiche probabilmente di Giovanni Ruffini, tratto dal dramma *Un duel sous le Cardinal de Richelieu* (1832) di Lockroy e Edmond Badon.
Prima rappresentazione: Vienna, Kärntnertortheater, 5 giugno 1843.
Nuova versione: Vienna, Kärntnertortheater, primavera 1844.

68. Dom Sébastien, roi de Portugal

Grand-opéra in cinque atti, libretto di Eugène Scribe, tratto dalla tragedia *Dom Sébastien de Portugal* (1838) di Paul-Henry Foucher.
Prima rappresentazione: Parigi, Théâtre de l'Opéra, 13 novembre 1843.
Nuova versione, in tedesco, traduzione di Leo Herz, col titolo *Dom Sebastian*: Vienna, Kärntnertortheater, 6 febbraio 1845.
Versione in italiano, traduzione di Giovanni Ruffini, col titolo *Don Sebastiano* (versione quasi certamente non realizzata con la collaborazione di Donizetti): Milano, Teatro alla Scala, 14 agosto 1847.

69. Caterina Cornaro

Opera seria in un prologo e due atti, libretto di Giacomo Sacchero, tratto dal libretto *La Reine de Chypre* di Jules-Henry de Saint-Georges, già musicato da Jacques Halévy (1841).

Iniziata alla fine del 1842 per il Kärntnertortheater di Vienna, poi sospesa per la sopravvenuta rappresentazione in quel teatro (19 novembre 1842) di un'opera di Franz Lachner sullo stesso soggetto; ripresa nella primavera 1843 per Napoli.

Prima rappresentazione: Napoli, Teatro San Carlo, 18 gennaio 1844.

Nuova versione: Parma, Nuovo Teatro Ducale, 2 febbraio 1845.

Il librettista

Giovanni Ruffini nasce a Genova il 20 settembre 1807, si laurea in giurisprudenza e, nel 1827, insieme ai fratelli Jacopo e Agostino, si affilia alla Carboneria. Nello stesso tempo si dedica attivamente alla creazione poetica, senza peraltro raggiungere risultati soddisfacenti. Dopo l'arresto (novembre 1830) e l'esilio in Francia (gennaio 1831) di Giuseppe Mazzini, diventa una delle anime della "Giovine Italia". Nel giugno 1833 sfugge all'arresto e, mentre il fratello Jacopo si suicida in carcere, Giovanni, insieme al fratello minore Agostino, si rifugia a Marsiglia, e da qui in Svizzera, dove collabora con Mazzini alla fondazione della "Giovane Europa". Nel 1836, sempre insieme a Mazzini, è a Parigi, e nel 1837 si trasferisce a Londra e poi a Edimburgo. Apprende perfettamente la lingua inglese, e vive facendo traduzioni, dando lezioni di italiano, e svolgendo saltuariamente l'attività di precettore. In Inghilterra Ruffini matura la decisione di abbandonare gli ideali mazziniani, e si avvicina alla corrente moderata e monarchica.

Dall'ottobre 1841 risiede nuovamente a Parigi, e in questo periodo entra in contatto con Michele Accursi, che si fa passare anch'egli per esule ma che è in realtà al servizio del controspionaggio dello Stato Pontificio, e con Donizetti. Suo fratello Agostino aveva già aiutato il compositore per alcune modifiche al libretto del *Marin Faliero* di Bidera, nel 1836; ora, nel settembre 1842, Donizetti si rivolge a Giovanni per il rifacimento del *Ser Marcantonio* di Anelli, che diventerà il *Don Pasquale*, e nel novembre dello stesso anno per varie modifiche al libretto *Il conte di Chalais* di Cammarano che diventerà *Maria di Rohan*. Per questa stessa opera, inoltre, in occasione dell'adattamento per il Théâtre Italien di Parigi (novembre 1843), Ruffini scrisse il testo di due nuove arie.

Torna a Edimburgo, dove è precettore della famiglia Turner, e nel 1847 traduce in italiano il libretto francese del *Dom Sébastien* di Donizetti; nel 1848 può finalmente tornare in Italia, e viene eletto deputato nel collegio di Taggia. Dopo la sconfitta di Novara (23 marzo 1849) e l'esilio del re Carlo Alberto, lascia ogni ufficio pubblico e si stabilisce a Edimburgo, dove nel 1853 pubblica il romanzo in lingua inglese *Lorenzo Benoni, or Passages in the Life of an Italian* ("Lorenzo Benoni. Pagine della vita di un italiano") ampiamente autobiografico, cui segue nel 1855, sempre in inglese, *Doctor Antonio* ("Il dottor Antonio"). Altre opere narrative di questi anni sono il racconto umoristico *The Paragreens on a Visit to Paris* ("La famiglia Paragreens in visita a Parigi", 1856), e i romanzi *Lavinia* (1860), *Vincenzo* (1863) e *A Quiet Nook in the Jura* ("Un angolo tranquillo nel Giura", 1867). Nel 1874 Ruffini torna in Italia, e si stabilisce a Taggia dove muore il 3 novembre 1881.

L'opera

In viaggio da Napoli verso Parigi, il 15 settembre 1842 Donizetti scrive all'amico Antonio Dolci: «Vado a Parigi per le traduzioni di *Padilla* e *Linda*; Dio sa cos'altro ci farò». Forse è preoccupato dall'idea di restare senza lavoro? oppure, al contrario, teme di non essere in grado di far fronte a troppo pressanti impegni? o, ancora, le insistenti emicranie lo turbano e lo intristiscono? Noi sappiamo soltanto che, appena giunto a Parigi, si trova a dover affrontare molti impegni, in gran parte imprevisti, che non gli lasceranno tregua fino a quando, il 7 gennaio 1843, lascerà Parigi per Vienna. Non farà la traduzione della *Maria Padilla*, bensì quella della *Linda di Chamounix*, che andrà in scena al Théâtre Italien il 17 novembre; ma intanto è alle prese con due nuove opere: una, *Caterina Cornaro*, destinata al Kärntnertortheater di Vienna, ma che interromperà quando verrà a sapere che un'opera sullo stesso argomento, messa in musica da Franz Lachner, sta per andare in scena sullo stesso teatro viennese (e subito dopo, in sostituzione, metterà sulla carta l'abbozzo della *Maria di Rohan*). L'altra opera a cui lavora, fin dal 27 settembre, giorno in cui, appena giunto a Parigi, ne ha firmato l'impegno con il Théâtre Italien, è il *Don Pasquale*. È un'opera buffa, da scrivere in tutta fretta (la "prima" è prevista verso la fine di dicembre), per la quale già pensa di riutilizzare alcuni brani di altre opere non conosciute a Parigi. Per risolvere in fretta il problema della scelta dell'argomento, decide di appoggiarsi a un vecchio libretto, il *Ser Marcantonio* che Angelo Anelli ha scritto per la musica di Stefano Pavesi (Parigi, 1808), e che, solo un mese prima, il 28 agosto 1842, il Kärntnertortheater ha ripreso con successo (ma Donizetti non ha potuto vedere questo spettacolo, anche se certamente ne ha avuto notizia).

È un argomento già ben collaudato, che Anelli a sua volta ha ripreso dal libretto *Dritto e rovescio* di Giuseppe Foppa musicato da Francesco Gardi (Venezia, 1801). In quella "farsa giocosa" in un atto, il protagonista è un vecchio Barone affetto da una fastidiosa sordità, che, per diseredare e cacciare di casa il nipote Firmino il quale oltretutto lo esaspera con il suono del suo contrabbasso, decide di sposarsi; lo aiuta nella ricerca della sposa il suo parrucchiere di fiducia, Giravolta, offrendogli Argentina, "orfana spiritosa", che altri non è se non la fidanzata del nipote: esasperato dalle spese pazze e dalla rumorosità della novella sposa, il Barone invoca la separazione, risolta da due sedicenti avvocati (sono Firmino e Giravolta), sostituendo sul contratto il nome del Barone con quello di Firmino. La vicenda proposta da Anelli, in due atti, è più complessa: il vecchio e avaro Ser Marcantonio decide di sposarsi per avere un erede diretto cui lasciare i propri cospicui beni, e getta nella disperazione i suoi nipoti Medoro e Dorina, che aspirano all'eredità e vorrebbero avere subito i mezzi per sposare l'uno la scuffiara Bettina e l'altra il sensale Tobia, fratello di Bettina. È quest'ultimo ad avere l'idea di dare una falsa sposa al vecchio possidente, nella persona della sorella Bettina, con la complicità dei servi di Marcantonio, Lisetta e Pasquino, e senza avvertirne i nipoti; da qui una serie molto complicata di equivoci, fino allo scioglimento previsto: Marcantonio, esasperato dalle bizze e dalla prodigalità della sposa, se ne libera infine, accordando cospicue somme ai due nipoti che possono così sposarsi. Una trama piuttosto complessa, a tratti farraginosa, che tuttavia offre il destro per varie situazioni di comicità decisamente farsesca.

Fu lo stesso Donizetti a scegliere questa trama. Forse fu attratto dalla figura del protagonista, un vecchio ridicolo ma anche sofferente, la cui ambivalenza poteva essere stupendamente illuminata dalla nuova concezione dell'opera buffa alle soglie della metà del secolo. Certamente apprezzò l'abile meccanismo scenico, pletorico ma perfettamente funzionante, che aveva bisogno solo di una sfrondatura e di qualche ritocco. L'idea di semplificare non era dettata unicamente dal desiderio di creare un organismo più snello, ma dall'oggettiva disponibilità del teatro e dei cantanti. E probabilmente ci fu anche un altro motivo che spinse Donizetti alla scelta: la presenza di un testo abile, efficiente, pieno di trovate verbali, di immagini sapide e brillanti. Anelli, insomma, come inventore di parole, piuttosto che di trame; e una volta decisa la riduzione degli attori – da sette a quattro – bastava solo tagliare e ricucire, per avere in mano un libretto perfettamente funzionante.

Questo tipo di lavoro il 29 settembre, su consiglio di Michele Accursi che svolgeva funzioni di segretario di Donizetti a Parigi, venne affidato a Giovanni Ruffini, che informandone la madre si paragona ironicamente a «uno scalpellino facitor di versi», che deve «tagliare, cambiare, aggiungere, impiastrare e che so io». Non s'immaginava neppure, il poeta patriota, quale duro lavoro sarebbe stato; ma già l'11 ottobre, sempre scrivendo alla madre, confessa di aver «mangiato la foglia». In altre parole, ha capito che si tratta in sostanza «di un'operazione di commercio». E prosegue: «Non si tratta né di far bene, né di far mediocremente, ma di far presto. E sia. Purché ci sia il numero dei piedi, tiro giù alla carlona. Brodo lungo e seguitate». Verso la fine di ottobre si illude di aver concluso il lavoro («sempre brodo lungo, s'intende»), ma Donizetti non è mai del tutto soddisfatto, e vuole aggiunte, modifiche, rifacimenti: alla fine Ruffini si indispettisce, e il 31 ottobre confida alla madre: «il Maestro finisce di rovinarmi, togliendo, col suo tagliare a capriccio due versi qui, tre là, quel poco di logico che mi ero studiato di mettere ne' miei pezzi. Qualche volta poi accade il contrario, e quando io, poveretto!, m'imagino di avere esaurito una situazione: paff! eccolo che ha bisogno di versi ancora».

Duro il mestiere di librettista, e oscuro; ma il teatro in musica ha le sue leggi, e non ammette che un unico autore, il musicista; a lui spettano le scelte definitive, lui solo conosce il senso e il significato dell'opera; lui solo sa chi è effettivamente don Pasquale. Che poi Ruffini fosse un inesperto librettista non importava molto, perché la materia prima, cioè il testo di Anelli, dava le più ampie garanzie, e lo stesso Donizetti, dove occorreva – e occorreva molto spesso – poteva dare una mano. Cosa che sarebbe stata meno facile con un librettista di buon mestiere. Andò a finire che Ruffini non volle firmare il libretto: «Non ho messo il nome mio, s'intende, perché fatto con quella fretta e in certo modo essendo stata paralizzata la mia libertà d'azione dal Maestro, a così dire non lo riconosco per mio». E tutto sommato aveva abbastanza ragione, poiché non solo Donizetti intervenne sul testo librettistico man mano che gli veniva consegnato, ma modificò frasi, parole, operò tagli e aggiunte anche a libretto già stampato, tanto è vero che c'è molta disparità fra esso, e il testo effettivamente musicato.

Il *Don Pasquale* venne pubblicato anonimo: una scelta che probabilmente non dispiacque a Donizetti, che non poteva far circolare in Italia un'opera firmata da un esule politico sul quale gravava una condanna a morte. E quando la partitura venne ceduta all'editore Ricordi, si ricorse a uno stratagemma, e Michele Accursi si attribuì la paternità delle parole, dichiarando: «Io sottoscritto autore del poema *Don Pasquale* posto in musica dal Signor Gaetano Donizetti, cedo in favore del signor Ricordi di Milano la proprietà del suddetto libretto per tutta Italia e Germania, a condizione che il mio nome non sia mai messo a stampa sul poema».

In seguito, con il passare degli anni, l'editore Ricordi preferì dare comunque un nome al librettista, e cominciò a stampare M. A., poi a chiare lettere Michele Accursi. L'equivoco sopravvisse fino al 1915, quando ogni dubbio venne dissipato da uno studio di Agostino Lazzari pubblicato sulla "Rassegna Nazionale".

Le prove dell'opera iniziarono il 28 novembre, ma in seguito vennero interrotte per la contemporanea malattia di due degli interpreti, il tenore e il baritono; di conseguenza la "prima" subì uno slittamento di alcuni giorni, fino al 3 gennaio 1843. Donizetti commentò poi all'allievo Matteo Salvi che «l'esito fu de' più felici. Ripetuto l'adagio del finale del 2 atto. Ripetuta la stretta del duetto tra Lablache e Grisi. – Sono stato chiamato alla fine del 2° atto e del 3°. – Non vi fu pezzo, dalla sinfonia in seguito, che non fosse più o meno applaudito. – Sono contentone». Al successo contribuirono in misura determinante i quattro eccezionali interpreti principali, l'irresistibile Lablache, l'elegante Tamburini, la bellissima Grisi, l'affascinante Mario; e, per una volta, non dobbiamo dimenticare anche il comprimario, Federico Lablache figlio di Luigi, un giovane basso già avviato a una grande carriera, che si esibì nelle poche battute del finto Notaio.

Don Pasquale

Dramma buffo in tre atti

libretto di
Giovanni Ruffini

musica di
Gaetano Donizetti

Personaggi

Don Pasquale, vecchio celibatario,[1] tagliato all'antica, economo, credulo, ostinato, buon uomo in fondo	[basso]
Dottor Malatesta, uomo di ripiego,[2] faceto, intraprendente, medico e amico di don Pasquale, e amicissimo di	[baritono]
Ernesto, nipote di don Pasquale, giovine entusiasta, amante corrisposto di	[tenore]
Norina, giovane vedova, natura sùbita,[3]	

---

1. Pasquale, soprattutto in area centromeridionale, è sinonimo di stupido, babbeo. Celibatario è un uomo anziano che è rimasto ostinatamente celibe, per cui la precisazione "vecchio" risulta enfatizzante; lui stesso dice di essere "sui settanta" (II, 2), il che lascia credere che non sia molto lontano dagli ottanta.
2. «*Uomo di ripiego* dicesi colui che sa trovar compensi per vincere le difficoltà o gli ostacoli che gli si presentano» (Giuseppe Manuzzi, *Vocabolario della lingua italiana, già compilato dagli Accademici della Crusca ed ora nuovamente corretto ed accresciuto*, Firenze, 1833-40).
3. Cioè una natura impetuosa, impulsiva.

impaziente di contraddizione,
ma schietta e affettuosa   [soprano]
              Un **Notaro**   [basso]

Coro di Servi e Cameriere.
Maggiordomo, Modista, Parrucchiere, che non parlano.

L'azione si finge in Roma.[4]

---

4. Non ci sono indicazioni sull'epoca, sappiamo però come la pensava in proposito Donizetti. In una lettera del 15 dicembre 1842 alla madre, Ruffini racconta che Donizetti voleva che i cantanti vestissero alla «borghese moderna», e Lablache (don Pasquale) era d'accordo con lui; tutti gli altri cantanti, e lo stesso Ruffini, ritenevano invece che alla natura del soggetto convenissero «parrucconi e abitoni di velluto», forse avendo in mente quello che era lo spirito del *Ser Marcantonio*. Donizetti cedette alla scelta di costumi settecenteschi, precisando però che «la musica non ammette questo».

Il riassunto del libretto

Atto I. L'anziano possidente don Pasquale, esasperato dal contegno del nipote Ernesto che rifiuta i buoni partiti che gli offre e si ostina a voler sposare la vedova Norina, nullatenente, decide di prender moglie, e diseredare e cacciare di casa il nipote ribelle. Per consiglio si rivolge al dottor Malatesta, il quale finge di prendere a cuore la causa di don Pasquale, ma in realtà studia uno stratagemma per beffare il vecchio e far felici Ernesto e Norina. Perciò si offre subito di trovargli lui stesso una moglie adatta, e gli propone sua sorella Sofronia, che vive in convento. Don Pasquale accetta con gioia, e annuncia al nipote la decisione presa, invitandolo a lasciare al più presto la sua casa. Ernesto, esasperato, chiede allo zio se si è consigliato con qualche buon amico, per esempio con il dottor Malatesta; e quando sa che è proprio lui a procurargli la sposa, e che la sposa è addirittura sua sorella, si allontana infuriato.

Norina sta leggendo un romanzo cavalleresco e, quando il dottor Malatesta la raggiunge, gli comunica che non vuol più stare al gioco dell'inganno a don Pasquale, perché ha appena ricevuto una lettera di Ernesto che, disperato, vuol rinunciare a lei e si appresta a partire. Ma il dottore la rassicura, informerà lui stesso Ernesto, e le dà le ultime istruzioni affinché possa interpretare al meglio la parte di Sofronia.

Atto II. Ernesto raccoglie le sue poche cose, e mestamente lascia la casa da cui è stato cacciato. Don Pasquale, vestito in gran gala, si appresta ad accogliere il dottore che conduce seco la sposa, la quale accende subito l'entusiasmo del vecchio, perché si mostra modesta, docile, remissiva, e anche bella. Con l'aiuto di un falso notaio, le nozze vengono immediatamente concluse con la stesura di un contratto che prevede la donazione alla sposa della metà dei beni mobili e immobili di don Pasquale. Al momento della firma, ci si accorge che manca un testimone, ma sopraggiunge provvidenzialmente Ernesto, che subito viene messo a parte della beffa. Appena le firme sono apposte sul contratto, Sofronia cambia atteggiamento: diventa sfrontata, aggressiva, prepotente, e mostra un interesse esagerato per Ernesto, che elegge subito come proprio cavalier servente. Don Pasquale è deluso, spaventato, e comincia anche a preoccuparsi del patrimonio, messo a dura prova dalle spese pazze che la sposina pianifica immediatamente col maggiordomo per rinnovare la conduzione della casa.

Atto III. La casa di don Pasquale è sconvolta dall'andirivieni di nuovi servi e cameriere, e dall'entrata e l'uscita di fattorini, sarte, modiste. Don Pasquale, sempre più spaventato, ha in mano un lungo elenco di conti da pagare, ma questo sarebbe il meno. Il peggio è che Sofronia sta uscendo per andarsene da sola a teatro, e don Pasquale, quando si oppone energicamente, riceve uno schiaffo in pieno viso. Nell'uscire, Norina lascia cadere un foglio, che don Pasquale raccoglie, presumendo trattarsi di un conto da pagare. È invece una lettera che Sofronia ha scritto a un corteggiatore per fissare un appuntamento serale nel giardino della casa. Quest'ultimo affronto il vecchio non lo può sopportare, e uscendo ordina ai servi di chiamare immediatamente il Dottor Malatesta. Mentre i servi commentano ironicamente quanto sta accadendo nella casa, giungono Ernesto e il Dottore, che studiano in tutti i particolari le modalità del convegno notturno nel giardino. Ernesto si allontana per prepararsi, mentre il Dottore concerta con don Pasquale il modo per sorprendere gli innamorati, denunciarli all'autorità e fare in modo che il marito possa liberarsi di una sposa che ormai non sopporta più.

Intanto nel giardino lo scherzo è stato combinato abilmente in tutti i particolari: nel momento in cui don Pasquale e il Dottore irrompono per sorprendere la coppia fedifraga, l'innamorato non si trova più, e Sofronia reagisce alteramente alle insinuazioni di don Pasquale. Questi, che ormai vede sfumare l'ultima speranza di liberarsi della moglie, accetta di buon grado il suggerimento del Dottore, che accenna alla eventualità che Ernesto si sposi. A questa notizia, Sofronia finge di arrabbiarsi, rifiuta la presenza di un'altra donna nella sua casa, e minaccia di andarsene; don Pasquale ne vuole subito approfittare, chiama Ernesto, e gli offre un assegno annuo di quattromila scudi alla condizione che sposi all'istante Norina. Il nipote accetta, ed ecco che Sofronia, di fronte allo stupefatto don Pasquale, si trasforma in Norina. «Ben è scemo di cervello – dice la morale – chi s'ammoglia in vecchia età»: e al vecchio gabbato non resta che benedire le nozze dei due giovani innamorati.

Atto primo

Scena prima

Sala in casa di don Pasquale, con porta in fondo d'entrata commune, e due porte laterali che guidano agli appartamenti interni.

[*Sinfonia*]

<u>Don Pasquale</u> *solo. Guarda con impazienza all'orologio.*[5]

[*Introduzione*]

Don Pasquale
    Son nov'ore; di ritorno
    Il dottore esser dovria.
    (*ascoltando*)
        Zitto... parmi... è fantasia,
        Forse il vento che passò.[6]
    Che boccon di pillolina,
        Nipotino, vi preparo!
        Vo'[7] chiamarmi don Somaro
        Se veder non ve la fo.[8]

---

5. P: didascalia "Passeggiando con l'orologio alla mano". Sembra una precisazione di poco conto, ma è fatta da chi ha composto la musica e ha immaginato la scena. Non ci possono essere dubbi, al ritmo del *Moderato* in quattro quarti don Pasquale deve passeggiare.
6. P: "il vento che soffiò". Il vento non passa, bensì soffia: basta ascoltare cosa accade in orchestra.
7. Sul libretto è sempre stampato "vò", ma Donizetti scrive invece "vuò"; si è scelta la più corrente grafia "vo'".
8. Anelli la prende larga, e affida al protagonista un'aria buffa, nella quale spiega la sua volontà di sposarsi. Ruffini entra subito in argomento, sottolineando lo stato di tensione di don Pasquale.

Dottore (*di dentro*)
È permesso?

Don Pasquale
Avanti, avanti.

Scena seconda[9]

Entra il Dottor Malatesta.

Don Pasquale (*con ansietà*)
Dunque?...

Dottore
Zitto, con prudenza.

Don Pasquale
Io mi struggo d'impazienza.
La sposina?

Dottore
Si trovò.

Don Pasquale
Benedetto!

Dottore
(Che babbione!)
Proprio quella che ci vuole.
Ascoltate, in due parole
Il ritratto ve ne fo.[10]

---

9. Questa scena è ricalcata sulla scena VII dell'atto I di **Anelli**, che tuttavia è giocata in termini farseschi: si fa notare, per esempio, che Marcantonio ci vede poco, e non riconosce le persone.
10. P: "Il ritratto, in due parole / il ritratto ve ne fo". Cosa vuol sapere don Pasquale? come è fatta Sofronia, cioè il suo ritratto, e la parola "ritratto" Malatesta la canta

Don Pasquale
    Son tutt'occhi, tutto orecchie,
    Muto, attento a udir vi sto.

Dottore
        Bella siccome un angelo[11]
        In terra pellegrino,
        Fresca siccome il giglio
        Che s'apre in sul mattino,[12]
        Occhio che parla e ride,
        Sguardo che i cor conquide,
        Chioma che vince l'ebano,
        Sorriso incantator.[13]

---

due volte, calcando sulla ripetizione che Ruffini aveva evitato. Il cantante può sottolineare l'effetto, approfittando del fatto che il movimento *Moderato* a questo punto è indicato *Poco meno*.

11. **P**: il *Larghetto cantabile* è preceduto dalla parola "Udite", che aggiunge enfasi al ritratto di Sofronia, che deve essere cantato "con entusiasmo". L'idea di questo *Larghetto* fu dello stesso Donizetti, e ce ne informa Ruffini in una lettera del 15 dicembre 1842 alla madre: «Tamburini [dottor Malatesta] è furioso perché pretende aver una parte di molto subordinata a quella di Lablache [don Pasquale], col quale sono come cane e gatto. E a torto si pretende sacrificato; te l'assicuro che ci ha una partona da far molto effetto, se bene eseguita. Ma questi artisti sono incontentabili nelle loro pretese. Egli pretende essere eccellente per gli adagi o cantabili, e bisogna confessare che gli dice bene. Donizetti a bella posta pose nella prima scena del primo atto un bellissimo cantabile per lui. Lo credi contento? Nemmen per sogno. Il cantabile gli va molto a genio, ma vien troppo presto; dice che la gente dei palchi non ha preso ancor posto, che vi son rumori, che l'attenzione è divertita. Per imbonirlo il maestro si dispose a scrivergli una cabaletta brillante». Non so quale sia la cabaletta brillante scritta al momento da Ruffini; potrebbe essere "Io direi... sentite un poco" dell'atto III scena V, che però non è una cabaletta. È da notare tuttavia che la cabaletta ("Un foco insolito") che segue l'aria non è affidata al Dottore, bensì a don Pasquale, spezzando una lunga tradizione.

12. **P**: "Che s'apre sul mattino".

13. Nel tracciare il ritratto di Sofronia, Ruffini tenne presente l'aspetto fisico di Giulia Grisi: il perfetto ovale del suo viso dal pallore d'ambra, i capelli corvini, gli occhi glauchi, le labbra arcuate in un dolce sorriso.

Don Pasquale
　　Sposa simìle! oh giubilo!
　　　　Non cape in petto il cor.

Dottore
　　　　Alma innocente e candida,[14]
　　　　Che se medesma ignora,
　　　　Modestia impareggiabile,
　　　　Dolcezza che innamora,[15]
　　　　Ai miseri pietosa,
　　　　Gentil, buona, amorosa,[16]
　　　　Il ciel l'ha fatta nascere
　　　　Per far beato un cor.[17]

Don Pasquale
　　Famiglia?

Dottore
　　　　　　Agiata, onesta.

Don Pasquale
　　Casato?[18]

Dottore
　　　　　　Malatesta.

---

14. P: "Alma innocente, ingenua": l'innocenza è sicuramente candida, e quindi Donizetti aggiunge qualcosa al ritratto musicando "ingenua".
15. P: "Bontà che v'innamora", variante imposta dall'esigenza di non creare elisione fra "che" e "innamora".
16. P: "Gentil, dolce, amorosa", con il recupero dell'idea di "dolcezza" eliminata due versi prima.
17. P: alla conclusione del ritratto di Sofronia, don Pasquale esclama "Oh giubilo!", che corona tutto l'entusiasmo da tempo trattenuto, e ora finalmente esploso nella finale descrizione della sposa.
18. P: "Il nome?". Don Pasquale va per le spicce, e vorrebbe subito il nome della bella sposina, non il casato. Ma il Dottore gli risponde con il casato, che è fondamentale per sottolineare la parentela. Non è quindi lecito adottare la variante della partitura, ma occorre seguire il libretto.

Don Pasquale
>Sarà vostra parente?

Dottore (*con intenzione*)
>Alla lontana un po'.[19]
>È mia sorella.

Don Pasquale
>Oh gioia!
>Di più bramar non so.[20]
>E quando di vederla,
>Quando mi fia concesso?

Dottore
>Domani sul crepuscolo.[21]

Don Pasquale
>Domani?[22] Adesso, adesso.
>Per carità, dottore!

Dottore
>Frenate il vostro ardore,
>Quetatevi, calmatevi,
>Fra poco qui verrà.[23]

Don Pasquale (*con transporto*)[24]
>Davvero?

---

19. P: "**Don Pasquale**: Vostra parente?... – **Dottore** (dopo breve pausa): È mia sorella". Lo spunto, un poco diluito, si trova anche in **Anelli**: "**Marcantonio**: Or dite,
di che casa è questa bella? – **Tobia**: Senz'andar per le lunghe, è mia sorella. – **Marcantonio**: Ah!... ah! me ne consolo" (I, 7).
20. P: questo verso non è musicato.
21. P: "Stassera sul crepuscolo". Molto indovinata questa variante, che rende ancor
più evidente la fretta di don Pasquale, che non può aspettare neppure poche ore.
22. P: "Stassera?".
23. P: didascalia "con aria di mistero".
24. P: didascalia "stordito".

Dottore[25]

Preparatevi,
E ve la porto qua.

Don Pasquale

Oh caro!
(*lo abbraccia*)[26]

Or tosto a prenderla.[27]

Dottore

Ma udite…[28]

Don Pasquale

Non fiatate.[29]

Dottore

Ma…[30]

Don Pasquale[31]

Non c'è ma, volate,
O casco morto qua.
(*gli tura la bocca, e lo spinge via*)

25. **P**: didascalia "in segreto".
26. **P**: didascalia "gli dà un bacio".
27. **P**: "Or tosto a prenderla" non è musicato.
28. **P**: "Calmatevi".
29. **P**: "Oh caro!".
30. **P**: "Ma udite…".
31. **P** modifica le battute seguenti: "**Don Pasquale** (*gli dà un altro bacio*): Non fiatate. – **Dottore**: Sì, ma… – **Don Pasquale**: Non c'è ma; correte, o casco morto qua. (*il Dottore è cacciato a forza, e se ne va non potendo più dir parole*) – **Don Pasquale** (*corre alla porta per vedere se è partito, poi scende allegro e dice:*): Ah! Un foco insolito ecc.". Vedi nota n. 11: il Dottore che viene cacciato da don Pasquale può essere anche vista come una gag: il baritono sa che la cabaletta gli spetta, ma il basso lo caccia via per cantarla lui.

Un foco insolito
  Mi sento addosso
  Omai resistere
  Io più non posso,
  Dell'età vecchia
  Scordo i malanni,
  Mi sento giovine
  Come a vent'anni.
Deh! cara affrettati,
  Dolce sposina![32]
  Ecco di bamboli
  Mezza dozzina
  Veggo già nascere,
  Veggo già crescere,[33]
  A me d'intorno
  Veggo scherzar.

[*Recitativo e Duetto*]

Don Pasquale
Son rinato. Or si parli al nipotino.
A fare il cervellino,
Veda che si guadagna.
(*guarda nelle scene*)
                                Eccolo appunto!

---

32. P: "Vieni, sposina!". Donizetti insiste sempre sulla fretta di don Pasquale.
33. P: "Già veggo nascere, / già veggo crescere".

Scena terza[34]

Ernesto, e detto.

Don Pasquale
Giungete a tempo. Stavo
Per mandarvi a chiamare. Favorite.

Ernesto
Sono ai vostri comandi.[35]

Don Pasquale
Non vo' farvi un sermone,
Vi domando un minuto d'attenzione.
È vero o non è vero
Che, saranno due mesi,
Io v'offersi la man d'una zittella
Nobile, ricca e bella?

Ernesto
È vero.

Don Pasquale
         Promettendovi per giunta
Un buon assegnamento, e alla mia morte
Quanto possiedo?

---

34. In **Anelli** ci sono due nipoti. Ruffini introduce anche un'altra importante variante: don Pasquale ha offerto a Ernesto una sposa "nobile e ricca", che questi ha rifiutato perché ama Norina, una "spiantata". In questo modo si crea una tensione fra il vecchio e il giovane che in **Anelli** non c'è: Marcantonio si sposa perché vuole avere dei figli, e non per far dispetto ai nipoti. Un'altra variante di Ruffini riguarda l'ordine delle scene, per cui in questa prima parte don Pasquale è sempre in scena, e si rende evidente la sua fretta. In **Anelli** vediamo dapprima il desiderio di Marcantonio, poi lo perdiamo di vista per ben quattro scene e, quando finalmente incontra Bettina, abbiamo ormai perso di vista la sua ansia.
35. P: questa battuta di Ernesto non è musicata.

Ernesto
                    È vero.

Don Pasquale
                              Minacciando,
In caso di rifiuto,
Diseredarvi, e a torvi ogni speranza,
Ammogliarmi, se è d'uopo?

Ernesto[36]
                         È vero.

Don Pasquale
                              Or bene
La sposa che v'offersi or son tre mesi,
Ve l'offro ancor.

Ernesto
                    Non[37] posso; amo Norina,
La mia fede è impegnata...

Don Pasquale
Sì, con una spiantata,
Con una vedovella civettina...[38]

Ernesto (*con calore*)
Rispettate una giovine
Povera, ma onorata, e virtuosa.

Don Pasquale
Siete proprio deciso?

---

36. **P**: didascalia "sospirando".
37. **P**: "No'l".
38. **P**: questo verso di don Pasquale non è musicato. Ernesto non può lasciar dire altro allo zio, e dopo "spiantata", lo ferma, e insorge subito "risentito".

Ernesto
Irrevocabilmente.

Don Pasquale
                    Or ben, pensate
A trovarvi un alloggio.

Ernesto
Così mi discacciate?

Don Pasquale
La vostra ostinatezza
D'ogni impegno mi scioglie.
Fate di provvedervi. Io prendo moglie.

Ernesto (*nella massima sorpresa*)
    Prender moglie?

Don Pasquale
                    Sì signore.

Ernesto
        Voi...?

Don Pasquale
                Quel desso in carne e in ossa.[39]

Ernesto[40]
        Perdonate... lo stupore...
        La sorpresa... (oh questa è grossa!)
        Voi...?

---

39. P: "ed ossa".
40. P: "**Ernesto**: Perdonate la sorpresa... – **Don Pasquale**: Io prendo moglie. – **Ernesto**: (Oh, questa è grossa!) Voi prender moglie? – **Don Pasquale** (*con impazienza*): L'ho detto ecc.".

Don Pasquale (*con impazienza*)
       ′ L'ho detto e lo ripeto.
    Io Pasquale da Corneto,[41]
    Possidente, qui presente,
    Sano in corpo e sano in mente,[42]
    D'annunziarvi ho l'alto onore
    Che mi vado ad ammogliar.

Ernesto
    Voi scherzate.

Don Pasquale
              Scherzo un corno.
    Lo vedrete al nuovo giorno.
    Sono, è vero, stagionato,
    Ma ben molto conservato,
    E per forza e vigoria
    Me ne sento da prestar.
    Voi, signor, di casa mia[43]
    Preparatevi a sfrattar.

---

41. È il destino del personaggio, ma senza che ci sia insistenza. Alcuni libretti del tardo Ottocento e del primo Novecento stampano, precauzionalmente, "Io, Pasquale da Sorneto". Il buffo è che Corneto allora esisteva realmente, ed era la città laziale che dal 1922 mutò il proprio nome in Tarquinia.
42. P: "Qui presente in carne ed ossa": gustosa e appropriata variante.
43. P: "Voi frattanto, signorino,": quando don Pasquale si arrabbia, si rivolge all'interlocutore con questo titolo; lo vedremo anche nei confronti di Sofronia.

Ernesto
(Ci volea questa mania
  I miei piani a rovesciar!)
    Sogno soave e casto
        De' miei prim'anni, addio.
        Se ambii ricchezze e fasto
        Fu sol per te, ben mio.[44]
    Povero, abbandonato,
        Caduto in basso stato,
        Pria che vederti misera,
        Cara, rinunzio a te.

Don Pasquale
        Ma veh che originale!
            Che tanghero ostinato!
            Adesso, manco male
            Si par capacitato.[45]
        Ben so dove gli duole
            Ma è desso che lo vuole,
            Altri che se medesimo
            Egli incolpar non de'![46]

Ernesto (*dopo breve pausa*)
    Due parole ancor di volo.

Don Pasquale
        Son qui tutto ad ascoltarvi.

---

44. **P**: "Bramai ricchezze e fasto / solo per te, ben mio", variante dettata dal bisogno di chiarezza, e dalla convenienza di togliere le scomode "-ii" di "ambii". Inoltre, sia "bramai" che "solo" risultano molto incisivi in principio di frase.
45. **P**: "Mi par capacitato", ma è corretta anche le dizione del libretto: adesso egli mostra di essersi reso conto.
46. **P**: "non può!".

Ernesto

Ingannar si puote un solo:
Ben fareste a consigliarvi.
Il dottore Malatesta
È persona grave, onesta.

Don Pasquale

L'ho per tale.

Ernesto

Consultatelo.

Don Pasquale

È già bello e consultato.

Ernesto

Vi sconsiglia!

Don Pasquale

Anzi al contrario,
Mi felicita, è incantato.[47]

Ernesto (*colpitissimo*)

Come? come? oh questa poi...

Don Pasquale (*confidenzialmente*)

Anzi, a dirla qui fra noi,
La... capite?... la zittella,
Ma... silenzio... è sua sorella.

Ernesto (*agitatissimo*)

Sua sorella!! che mai sento?
Del Dottore?

Don Pasquale

Del Dottor.

47. P: "M'incoraggia, n'è incantato".

Ernesto
    (Oh, che nero tradimento!
      Ahi, Dottore senza cor![48]
      Mi fa il destin mendico,
        Perdo colei che adoro,
        In chi credevo amico
        Discopro un traditor!
      D'ogni conforto privo,
        Misero! a che pur vivo?
        Ah! non si dà martoro
        Eguale al mio martor!)

Don Pasquale
    (L'amico è bello e cotto,
      In sasso par cambiato,
      Non fiata, non fa motto,
      L'affoga il crepacuor.[49]
    Si roda, gli sta bene,
      Ha quel che gli conviene,
      Impari lo sventato
      A fare il bello umor.)

                        (*entrambi via*)

---

48. P: questi due versi non sono musicati. Essi derivano direttamente da **Anelli** (I, 5).
49. P: "L'amico è bello e cotto, / non osa fare un motto, / in sasso s'è cangiato, / l'affoga il crepacuor".

Scena quarta

Stanza in casa di Norina.

[*Cavatina*]

Entra Norina *con un libro alla mano, leggendo.*[50]

Norina[51]

    «E tanto era in quel guardo
    «Sapor di paradiso,
    «Che il cavalier Ricciardo
    «Tutto d'amor conquiso
    «Al piè le cadde, e a lei
    «Eterno amor giurò!»[52]
  So anch'io la virtù magica
    D'un guardo a tempo, e a loco,
  So anch'io come si bruciano
    I cori a lento foco,
    D'un breve sorrisetto
    Conosco anch'io l'effetto,

---

50. La presentazione di Norina è certo una delle grandi risorse del libretto, con quel brano di romanzo cavalleresco che Donizetti allungò di una quartina (vedi nota seguente), e quel vivace autoritratto in tempo d'*Allegretto*. Brillante e diversa – ma non del tutto diversa – in **Anelli** la presentazione di Bettina scuffiara, che lavora in mezzo ad altre ragazze, un testo che certo ha fornito più di uno spunto alla coppia Ruffini/Donizetti: "**Bettina** (*sola, che guarnisce un cappellino. Intorno a lei alcune ragazze, che lavorano*): Mi vien da ridere – se dir mi sento / col suon più languido – del sentimento: / Bettina, io spasimo – di amor per te. / Io che per indole – son tutta foco, / sì fredde chiacchiere – le conto poco. / Vo' un cor, che stabile – mi serbi fé. / Di certi giovani – conosco l'arte: / e indarno tentano – di farla a me".

51. P: la sestina scritta da Ruffini è preceduta da una quartina aggiunta all'ultimo momento: "Quel guardo il cavaliere / in mezzo al cor trafisse, / piegò il ginocchio e disse / son vostro cavalier!".

52. P: i due ultimi versi sono sostituiti da: "Giurò che ad altra mai / non volgeria il pensier. (*ride e getta il libro*)".

D'una furtiva lagrima,[53]
D'un subito languor;
Conosco i mille modi
Dell'amorose frodi,
I vezzi, e l'arti facili
Onde s'adesca un cor.[54]
Ho testa balzana,
Son d'indol vivace,
Scherzare mi piace,
Mi piace brillar.
Se vien la mattana
Di rado sto al segno,
Ma in riso lo sdegno
Fo presto a cambiar.

[*Recitativo e Duetto Finale I*]

Norina
E il Dottor non si vede! Oh, che impazienza!
Del romanzetto ordito
A gabbar don Pasquale,
Ond'ei toccommi in fretta,
Poco o nulla ho capito, ed or l'aspetto...
(*entra un servo, le porge una lettera, ed esce*)
(*guardando alla soprascritta*)
La man d'Ernesto... io tremo.
(*legge, dà cenni di sorpresa, poi di costernazione*)
Oh! me meschina![55]

---

53. **P**: "di menzognera lagrima". Ruffini aveva probabilmente l'idea di un ammicca-mento alla "furtiva lagrima" dell'*Elisir d'amore*, ma Donizetti preferì lasciar perdere lo scherzo, e musicò una "menzognera lagrima", più adatta al contesto.
54. **P**: "per adescare un cor". Quindi Donizetti musica una ripresa variata dell'inizio ("So anch'io la virtù magica / per inspirare amor"), e prosegue: "Ho testa bizzarra, / son pronta, vivace... / Brillare mi piace, / mi piace scherzar. / Se monto in furore (*ridendo*) / di rado sto al segno, / ma in riso lo sdegno / fo presto a cangiar. / Ho testa bizzarra, / ma core eccellente".
55. **P**: questa battuta non è musicata.

Scena quinta

Dottore, e detta.

Dottore (*con allegria*)
Buone nuove, Norina,
Il nostro stratagemma...

Norina (*con vivacità*)
Me ne lavo le mani.

Dottore
Come? che fu?

Norina (*porgendogli la lettera*)
Leggete.

Dottore (*leggendo*)
«Mia Norina, vi scrivo
«Colla morte nel cor. – Lo farem vivo. –
«Don Pasquale aggirato
«Da quel furfante... – Grazie! –
«Da quella faccia doppia del Dottore
«Sposa una sua sorella,
«Mi scaccia di sua casa,
«Mi disereda in somma.[56] Amor m'impone
«Di rinunziare a voi.
«Lascio Roma oggi stesso, e quanto prima
«L'Europa. Addio. Siate felice. Questo
«È l'ardente mio voto. Il vostro Ernesto.»
Le solite pazzie![57]

---

56. P: "in fine".
57. Evidentemente Ernesto viene considerato dal Dottore un innamorato impulsi-
vo; ma potrebbe esserci anche un'allusione al passato avventuroso del tenore Mario, che Ruffini aveva conosciuto fin dal 1829, quando il Cavaliere di Candia era un
focoso militare che simpatizzava per Mazzini.

Norina

Ma s'egli parte!

Dottore

Non partirà, v'accerto. In quattro salti
Son da lui, della nostra
Trama lo metto a giorno,[58] ed ei rimane,
E con tanto di cor.

Norina

Ma questa trama,
Si può saper qual sia?[59]

Dottore

A punire il nipote
Che oppone[60] le sue voglie,
Don Pasqual s'è deciso a prender moglie.[61]

Norina

Già me'l diceste.

Dottore

Or ben, io suo Dottore,
Usando l'ascendente
Che una felice cura
Mi diè su lui ne lo sconsiglio, e invano.
Vistolo così fermo nel proposto[62]
Cambio tattica,[63] e tosto

---

58. **P**: "a parte", che è anche più chiaro.
59. La spiegazione della trama ordita dal Dottore ai danni di don Pasquale è tratta di peso da **Anelli**, il cui passo relativo si trova in Appendice I, a pag. 119.
60. Il verbo opporre è usato in modo transitivo: ostacola.
61. **P**: "Don Pasqual s'è deciso: prende moglie".
62. Proposto: proponimento, proposito.
63. **P**: la frase del Dottore è ampiamente tagliata: "Or ben, io suo Dottore, / vistolo così fermo nel proposto / cambio tattica". In realtà è superfluo dire che il medico ha conquistato il paziente con una cura azzeccata; ma il taglio crea un piccolo inconveniente, perché quel "cambio tattica" non si spiega più.

Nell'interesse vostro, e in quel d'Ernesto
Mi pongo a secondarlo. Don Pasquale
Sa ch'io tengo al convento una sorella,
Vi fo passar per quella.
Egli non vi conosce – e vi presento
Pria ch'altri mi prevenga;
Vi vede e resta cotto.[64]

Norina

    Va benissimo.

Dottore

Caldo caldo vi sposa. Ho prevenuto[65]
Carlotto mio cugino
Che farà[66] da Notaro. Al resto poi
Tocca pensare a voi.
Lo fate disperar. Il vecchio impazza,
L'abbiamo a discrezione...
Allor...

Norina

   Basta. Ho capito.

Dottore

     Va benone.

Norina

  Pronta son: purch'io non manchi
   All'amor del caro bene,
   Farò imbrogli, farò scene,
   Mostrerò quel che so far.[67]

---

64. P: "vi vede, resta cotto".
65. P: "ho prevenuto" non è musicato.
66. P: "ci farà".
67. P: "so ben io quel ch'ho da far".

Dottore

Voi sapete se d'Ernesto
Sono amico, e ben gli voglio;
Solo tende il nostro imbroglio
Don Pasquale a corbellar.

Norina

Siamo intesi. Or prendo impegno.[68]

Dottore

Io la parte ecco v'insegno.

Norina

Mi volete fiera, o mesta?

Dottore

Ma la parte non è questa.

Norina

Ho da pianger, da gridar?[69]

Dottore

State un poco ad ascoltar.
Convien far la semplicetta.

Norina

Posso in questo dar lezione.[70]
(*contraffacendo*)
Mi vergogno, son zittella.
Grazie, serva, signor sì.

---

68. **P**: "siamo intesi; prendo impegno". Sarà un caso, ma Donizetti musica esattamente il verso di Anelli, "siamo intesi. Prendo impegno" (vedi Appendice I, pag. 120), che probabilmente aveva nelle orecchie.
69. **P**: "**Norina**: Mi volete fiera? – **Dottore**: No. – **Norina**: Mi volete mesta? – **Dottore**: No, la parte non è questa. – **Norina**: Ho da piangere? – **Dottore**: No. – **Norina**: O gridare? – **Dottore**: No, la parte non è questa. State un poco ecc.".
70. **P**: da qui e fino alla fine dell'atto ci sono numerose varianti, che si possono leggere in Appendice II, pag. 122.

Dottore
Brava, brava, bricconcella!
Va benissimo così.

Norina
Collo torto.

Dottore
Bocca stretta.

Norina
Mi vergogno.

Dottore
Oh benedetta!
Va benissimo così.

Norina e **Dottore**
Che bel gioco! quel che resta
Or si vada
Or andate a combinar.
A quel vecchio affé la testa
Questa volta ha da girar.

Norina
Già l'idea del gran cimento
Mi raddoppia l'ardimento,
Già pensando alla vendetta
Mi comincio a vendicar.
Una voglia avara e cruda
I miei voti invan contrasta,
Io l'ho detto e tanto basta,
La saprò, la vo' spuntar.

Dottore

Poco pensa don Pasquale
 Che boccon di temporale
 Si prepari in questo punto
 Sul suo capo a rovinar.
Urla e fischia la bufera,
 Vedo il lampo, il tuono ascolto,
 La saetta fra non molto
 Sentiremo ad iscoppiar.

Atto secondo

Scena prima

Sala in casa di don Pasquale.

Ernesto solo, abbattutissimo.

[*Preludio, Scena ed Aria*]

Ernesto[1]
Povero Ernesto! Oh come in un sol punto
Mi veggo al colmo giunto
D'ogni miseria! Dallo zio cacciato,
Da tutti abbandonato.
Mi restava un amico,
E un coperto nemico
Chiarisco[2] in lui, che a' danni miei congiura.
Ah! meglio, o Malatesta,
Io mertava da te! ma non è questa
La mia più gran sventura.
Perder Norina, oh Dio!
Questo è il sommo dei mali! e con che core
Offrirle un'esistenza,
Meco unita, di pene, e d'indigenza?
Ah no. Ben feci a lei
D'esprimere in un foglio i sensi miei.[3]

---

1. **P**: il lungo recitativo di Ernesto è ridotto a pochi versi: "Povero Ernesto! Dallo zio cacciato, / da tutti abbandonato. / Mi restava un amico, / e un coperto nemico / discopro in lui, che a' danni miei congiura. / Perder Norina, oh Dio! Ben feci a lei / d'esprimere in un foglio i detti miei. / Ora in altra contrada / i giorni grami a trascinar si vada".
2. **P**: "discopro", che è anche più chiaro.
3. **P**: "i detti miei".

Ora in altra contrada
I giorni grami a terminar[4] si vada.
  Cercherò lontana terra[5]
    Dove gemer sconosciuto,
    Là vivrò col core in guerra
    Deplorando il ben perduto;
    Ma né sorte a me nemica,
    Né frapposti i monti e il mar,[6]
    Ti potranno, o dolce amica,
    Dal mio seno[7] cancellar.
  E se fia che ad altro oggetto
    Tu rivolga un giorno il core,
    Se mai fia che un nuovo affetto
    Spegna in te l'antico ardore,
    Non temer che un infelice
    Te spergiura accusi al ciel;
    Se tu sei, ben mio, felice,
    Morrà pago[8] il tuo fedel.
(*guardando nelle scene*)[9]
Ecco lo zio; non vegga
Il turbamento mio; per or s'evìti.

                                                            (*esce*)

4. P: "trascinar". Notevole questa variante: l'Ernesto di Donizetti non è uomo che pensi alla morte ("a terminar si vada"), ma solo al romantico compiacimento del proprio tormento ("a trascinar si vada").
5. Non c'è nessuno spunto in **Anelli** che abbia potuto suggerire la bellissima aria di Ernesto.
6. P: "né frapposti monti e mar".
7. P: "dal mio core". Donizetti non si preoccupa della triplice ripetizione di "core" in quest'aria, ritenendo che il termine sia comunque più chiaro.
8. P: "sarà pago": anche qui viene tolto il riferimento alla morte.
9. P: terminata l'aria, Ernesto esce subito, e i due versi seguenti sono tagliati.

Scena seconda

Don Pasquale in gran gala seguito da un servo.

[*Scena e Terzetto*]

Don Pasquale (*al servo*)
Quando avrete introdotto
Il dottor Malatesta e chi è con lui,
Ricordatevi bene,
Nessuno ha più da entrar; guai se lasciate
Rompere la consegna. Adesso andate.

(*servo via*)

Per un uom sui settanta...
(Zitto che non mi senta la sposina)
Convien dir che son lesto e ben portante.
Con questo boccon poi
Di *toilette*...
(*si pavoneggia*)[10]
        Alcun viene.
Eccoli. A te mi raccomando, Imene.

---

10. Théophile Gautier ci ha lasciato una sapida descrizione di questa *toilette*: «sul suo capo troneggia una superba parrucca rosso mogano arricciata sino all'inverosimile; una marsina verde dai bottoni d'oro cesellati, le cui falde non riescono a unirsi a causa dell'enorme rotondità del ventre, gli conferisce l'aspetto d'un mostruoso scarabeo che vorrebbe invano aprire le ali per spiccare il volo».

Scena terza

Dottore conducendo per mano Norina velata.[11]

Dottore[12]
Via da brava.[13]

Norina
Reggo appena...
Tremo tutta.

Dottore
V'innoltrate.
(*nell'atto che il Dottore fa innoltrar Norina, accenna colla mano a don Pasquale di mettersi in disparte. Don Pasquale si rincantuccia*)

Norina
Ah fratel! non mi lasciate.

Dottore
Non temete.

Norina
Per pietà!
(*appena Norina è sul davanti del proscenio, il Dottore corre a don Pasquale*)

Dottore
Fresca uscita di convento,
Natural è il turbamento.

---

11. Nel *Ser Marcantonio* Bettina giunge nella casa del futuro sposo in portantina, ed egli non riesce a vederla se non dopo che Tobia la convince ad uscire. Ruffini ha evidentemente tolto da quest'idea la gag del velo, facendone però un uso molto più ampio.
12. **P**: didascalia "a Norina che tremante s'avanza".
13. **P**: "Via, coraggio"; la paura nei confronti degli uomini è il tema base dell'episodio.

È per tempra un po' selvatica,[14]
Mansuefarla a voi si sta.

Norina

Ah fratello!

Dottore

Un sol momento.

Norina

Se qualcun venisse a un tratto!
(Sta a vedere, vecchio matto,
Ch'or ti servo come va.)[15]

Don Pasquale

Mosse, voce, portamento,
Tutto è in lei semplicità.[16]
La dichiaro un gran portento
Se risponde la beltà![17]

Norina

Ah fratello!

Dottore

Non temete.

Norina

A star sola mi fa male.

---

14. P: "per natura un po' selvatica". Ruffini, da buon letterato che non ama le ripetizioni, dopo aver scritto che il turbamento di Sofronia è "naturale", aggiunge che "per tempra" è un po' selvatica: ben scritto. Ma Donizetti aveva bisogno di un parlato rapido, quasi sussurrato, e ha trovato una frase dalla pronuncia molto più facile e scorrevole, anche se a costo di una ripetizione ("naturale" e "natura"). L'istinto dell'operista – che quasi vede le parole sulla bocca dei cantanti – ha avuto ragione degli scrupoli stilistici del letterato, il quale poteva anche aversene a male, ma a torto.
15. Anelli: "Ei s'accosta. Vecchio matto, / or ti servo come va" (I, 7).
16. P: i due versi precedenti sono cantati anche dal Dottore. **Anelli**: "Osservate il portamento... Tutto è in lei semplicità" (I, 7).
17. P: don Pasquale ripete: "Mosse, voce, portamento, / tutto è in lei semplicità".

Dottore
>Cara mia, sola non siete,
>Ci son io, c'è don Pasquale...

Norina (*con terrore*)
>Come? un uomo! Ah, me meschina!
>Presto andiam, fuggiam di qua.[18]

Don Pasquale
>(Com'è cara e modestina
>Nella sua semplicità!)

Dottore
>(Quella scaltra malandrina[19]
>Impazzire lo farà.)

[Recitativo e Quartetto Finale II]

Dottore (*a Norina*)
Non abbiate paura, è don Pasquale
Padrone e amico mio,
Il re dei galantuomini.
(*don Pasquale si confonde in inchini.*[20] *Norina non lo guarda*)

Dottore (*a Norina*)
Rispondete al saluto.

Norina (*fa la riverenza senza guardar don Pasquale*)[21]
Grazie, serva, signor.[22]

---

18. P: queste ultime parole Norina le pronuncia "agitatissima"; quindi: **Don Pasquale** (*vedendo che vuol partire*): Dottore, dottore!... – **Norina**: (Sta a vedere, vecchio matto, / ch'or ti servo come va)".
19. P: "com'è scaltra, malandrina". La variante è dettata soprattutto dalla convenienza, nel concertato, di far coincidere la morfologia del verso del Dottore a quello corrispondente di don Pasquale ("Com'è cara e modestina").
20. P: didascalia "don Pasquale fa profondi inchini".
21. P: didascalia "fa una riverenza con affettazione".
22. P: "Signor" non è musicato.

Don Pasquale

           (Che bella mano!)[23]

Dottore

(È già cotto a quest'ora.)

Norina

                (Oh, che baggiano!)

(don Pasquale dispone tre sedie; siedono. Dottore nel mezzo)

Dottore *(a don Pasquale)*

(Che ne dite?)

Don Pasquale

           (È un incanto; ma quel velo...)

Dottore

(Non oseria, son certo,
A sembiante scoperto
Parlare a un uom. Prima l'interrogate,
Vedete se nei gusti v'incontrate.
Poscia vedrem.)

Don Pasquale

           (Capisco. Andiam, coraggio.)

(a Norina)

Posto ch'ho l'avvantaggio...[24]

(s'imbroglia)

Anzi il signor fratello,...
Il dottor Malatesta...
Cioè... volevo dir...

---

23. **P**: "Che piè... che bella mano!". Giulia Grisi, la Norina di Parigi, era bellissima (vedi nota n. 13, atto I), ma aveva un unico punto debole: un brutto piede. Ruffini non manca di raccontare alla madre il dispetto che la cantante provò quando lesse quel verso che alludeva alla bellezza del piede, e volle che fosse cancellato (lettera del 7 novembre 1842). Così avvenne infatti, con l'aggiunta del "signor" per completare l'endecasillabo; ma nella partitura il riferimento al piede è rimasto. Perché Donizetti non si è uniformato al desiderio della bella cantante? Forse lo considerava una baggianata? Forse pensava di trarre partito comico dalla risposta stessa di Norina, "oh, che baggiano"?
24. **Dato che ho il privilegio.**

Dottore

(Perde la testa.)

(*a Norina*)
Rispondete.

Norina (*facendo la riverenza*)[25]

Son serva, mille grazie.

Don Pasquale (*a Norina*)[26]
Volea dir ch'alla sera
La signora amerà la compagnia.[27]

Norina
Niente affatto. Al convento
Si stava sempre sole.

Don Pasquale
Qualche volta a teatro?[28]

Norina
Non so che cosa sia, né saper bramo.

Don Pasquale
Sentimenti ch'io lodo,
Ma il tempo uopo è passarlo in qualche modo.

Norina
Cucire, ricamar, far la calzetta,[29]
Badare alla cucina,
Il tempo passa presto.

---

25. **P**: didascalia "avanzandosi e facendo riverenza".
26. **P**: didascalia "s'alza e corrisponde, poi siede di nuovo". Norina si alza, quindi anche don Pasquale è costretto ad alzarsi, faticosamente: una gag che Donizetti non si è lasciato sfuggire.
27. **Anelli**: "Dite: la sera almeno / vorrete in casa un po' di compagnia?" (I, 7).
28. **Anelli**: "Al teatro / andrete dunque?" (I, 7).
29. **Anelli**: "Calze, ricami, rocca... / cucire, pettinar..." (I, 7).

Dottore

(Ah malandrina!)

Don Pasquale (*agitandosi sulla sedia*)
(Fa proprio al caso mio.)
(*al Dottore*)
(Quel vel per carità!)[30]

Dottore (*a Norina*)

Cara Sofronia,
Rimovete quel velo.

Norina (*vergognosa*)
Non oso... in faccia a un uom?

Dottore

Ve lo comando.

Norina
Obbedisco, fratel.
(*si toglie il velo*)

Don Pasquale
(*dopo averla guardata, levandosi a un tratto, e dando addietro come spaventato*)[31]

Misericordia!

Dottore (*tenendogli dietro*)
Che fu? dite...

Don Pasquale

Una bomba in mezzo al core.
(*agitatissimo*)
Per carità, dottore,
Ditele se mi vuole,
Mi mancan le parole,
Sudo, aghiaccio, son morto.

---

30. P: didascalia "s'agita sulla sedia", rafforzando la gag già accennata (vedi nota n. 26).
31. P: didascalia "la guarda, poi si leva ad un tratto come spaventato".

Dottore

(Fate core.[32]

Mi sembra ben disposta, ora le parlo.)

(*a Norina, piano*)

Sorellina mia cara,

Dite... vorreste?... in breve

Quel signore

(*accenna don Pasquale*)

vi piace?

Norina (*con un'occhiata a don Pasquale che si ringalluzza*)

A dirlo ho soggezione...

Dottore

Coraggio.

Norina (*timidamente*)

Sì.[33] (Sei pure il gran babbione!)

Dottore (*tornando a don Pasquale*)

Consente. È vostra.

Don Pasquale (*con transporto*)

Oh giubilo!

Beato me!

Norina

(Te n'avvedrai fra poco!)[34]

Don Pasquale

Or presto pe'l Notaro.[35]

---

32. **P**: "Via, coraggio...", come già all'inizio della scena terza (vedi nota n. 13).
33. **Anelli** spinge verso la farsa. Alla domanda di Marcantonio "qual è la cosa, / che può farvi innamorar?", Bettina risponde: "Arrossisco... perdonate... / Detto m'han, che il matrimonio / è un gran ben, se un marcantonio / mi riesce di sposar". Giustamente Tobia commenta "Oh che scena da teatro". Ruffini ha risolto nella maniera più semplice, con un impagabile "sì".
34. **Anelli**: "Babbeo, va là. Te n'avvedrai fra poco" (I, 7).
35. La chiamata del Notaio è anche in **Anelli**, ma poi trascorreranno tre scene prima

Dottore
Per tutti i casi dabili[36]
Ho tolto meco il mio ch'è in anticamera;
Or l'introduco.

(*esce*)

Don Pasquale
                    Oh caro!
Quel Dottor pensa a tutto.

Dottore (*rientrando col Notaro*)
                         Ecco il Notaro.

Scena quarta[37]

Notaro, e detti.

Don Pasquale e Norina seduti.
I servi dispongono in mezzo alla scena un tavolo
coll'occorrente da scrivere.
Sopra il tavolo sarà un campanello. Notaro saluta,
siede e s'accinge a scrivere.
Dottore in piedi, a destra del Notaro come dettandogli.

---

che egli arrivi finalmente (e sarà Tobia travestito). L'anticipazione dell'entrata del Notaio da parte di Ruffini non solo stringe molto meglio l'azione, ma dà un senso più preciso alla rabbia del nipote, che in **Anelli** giunge mentre è ancora in corso il dialogo a tre, mentre in Ruffini piomba nel bel mezzo del contratto nuziale.
36. Per ogni eventualità. Il Dottore entra subito nel gioco notarile, e s'inventa un aggettivo di qualità ("dabili") che ha tutta l'aria di essere traduzione estemporanea di un termine notarile latino.
37. La scena del Notaio segue da presso il modello di **Anelli**, rinnovandolo, arricchendolo di gag, togliendo gli spunti più banali e farseschi.

[*Finale*]

Dottore
> Fra da una parte et cetera
> Sofronia Malatesta
> Domiciliata et cetera
> Con tutto quel che resta,
> E d'altra parte et cetera
> Pasquale da Corneto[38]
> Coi titoli e le formole
> Secondo il consueto,
> Entrambi qui presenti,
> Volenti, e consenzienti[39]
> Un matrimonio in regola
> A stringere si va.

Don Pasquale (*al Notaro*)
> Avete messo?

Notaro
> > Ho messo.

Don Pasquale
> Sta ben.
> (*va alla sinistra del Notaro*)
> > Scrivete appresso.
> (*come dettando*)
> Il qual prefato et cetera
> Di quanto egli possiede
> In mobili ed immobili,
> Dona tra i vivi e cede

---

38. **P**: il Dottore aggiunge qui "et cetera", al che il Notaio conferma "et cetera"; poi il Dottore riduce i due versi seguenti dicendo "Coi titoli secondo il consueto", e il Notaio conferma "et cetera".
39. **P**: il Notaio aggiunge "...enti".

A titolo gratuito[40]
Alla suddetta et cetera
Sua moglie dilettissima
Fin d'ora la metà.

Notaro

Sta scritto.

Don Pasquale

E intende ed ordina,[41]
Che sia riconosciuta
In questa casa e fuori
Padrona ampia assoluta,
E sia da tutti e singoli
Di casa riverita,
Servita, ed obbedita
Con zelo e fedeltà.

Dottore e **Norina** (*a don Pasquale*)

Rivela il vostro core
Quest'atto di bontà.

Notaro

Steso è il contratto. Restano[42]
Le firme...

Don Pasquale (*sottoscrivendo con vivacità*)[43]

Ecco la mia.

Dottore (*conducendo Norina al tavolo con dolce violenza*)

Cara sorella, or via,
Si tratta di segnar.

---

40. P: questo verso non è musicato.
41. P inserisce vari interventi del Notaio in fine di verso: (ordina) "...na"; (riconosciuta) "...uta"; (fuori) "...ori"; (riverita) "...ita"; (obbedita) "...ita".
42. P: "restano" non è musicato.
43. P: didascalia "sottoscrive subito".

Notaro

Non vedo i testimoni,
Un solo non può star.[44]

(*mentre Norina sta in atto di sottoscrivere, si sente la voce di Ernesto dalla porta d'ingresso. Norina lascia cadere la penna*)

Ernesto (*di dentro*)

Indietro, mascalzoni,
Indietro, io voglio entrar.

Norina

(Ernesto! or veramente
Mi viene da tremar!)

Dottore

(Ernesto! e non sa niente,
Può tutto rovinar!)[45]

---

44. Questa è una delle più divertenti trovate di Ruffini. Il Notaio, che finora ha fatto ben poco, improvvisamente vuole diventare anche lui primo attore, e inventa sui due piedi la faccenda del testimone: uno solo non può stare. Ci vuole del fegato, perché a questo punto potrebbe crollare tutto, solo per la smania di Carlotto di far sentire la sua voce. E tutto sta effettivamente per crollare con l'entrata di Ernesto, che diventa quindi un vero e proprio *coup de théâtre*. Bisogna poi osservare che se nella finzione teatrale il Notaio è Carlotto cugino del Dottore, nella realtà è Federico Lablache, figlio di Luigi, un basso ventottenne già abbastanza conosciuto e che farà un'ottima carriera di cantante e poi di maestro di canto. Insomma, un finto comprimario che non vuole restarsene troppo ai margini, il tutto giocato come una gag esilarante.
45. P aggiunge: **Don Pasquale**: Mio nipote! – **Norina** (*al Dottore*): (Or tutto veramente / ci viene a rovinar!) – (*Ernesto entra per forza*)".

Scena quinta

Ernesto, e detti.
Ernesto senza badare agli altri va dritto a don Pasquale.[46]

Ernesto (*a don Pasquale con vivacità*)
Pria di partir, signore,
Vengo per dirvi addio,
E come a un malfattore
Mi vien conteso entrar!

Don Pasquale (*a Ernesto*)
S'era in faccende: giunto
Però voi siete in punto.
A fare il matrimonio
Mancava un testimonio.
(*volgendosi a Norina*)
Or venga la sposina.

Ernesto (*vedendola nel massimo stupore*)
(Che vedo? oh ciel! Norina!
Mi sembra di sognar!)[47]

---

46. L'entrata di Ernesto, che senza dubbio riprende una situazione analoga della *Lucia*, che Ruffini conosceva molto bene, è ricalcata sull'entrata di Medoro nel libretto di Anelli.
47. P modifica ampiamente le battute seguenti: "**Dottore** (*di soppiatto a Ernesto*): (Per carità, sta zitto, / ci vuoi precipitar.) – **Don Pasquale** (*ad alta voce*): La sposa è quella. – **Ernesto**: (Ma questo non può star.) – **Dottore** (*di soppiatto a Ernesto*): (Ah, figliuol, non mi far scene, / è tutto per tuo bene. / Se vuoi Norina perdere / non hai che a seguitar. / Seconda la commedia, / lascia far.) – **Norina**: (Adesso veramente, / mi viene da tremar.) – **Dottore** (*volgendosi alla comitiva*): Questo contratto adunque / si vada ad ultimar. – (*il Dottore conduce Norina a sottoscrivere, poi Ernesto, questi quasi forzandolo*) – **Notaro** (*riunendo le mani degli sposi*): Siete marito e moglie. (*se ne va*) – **Don Pasquale**: (Mi sento liquefar.)".

(*esplodendo*)
                    Ma questo non può star.
          Costei...
(*il Dottore che in questo frattempo si sarà interposto fra don Pasquale
e Ernesto, interrompe quest'ultimo*)

Dottore
                    La sposa è quella.[48]
(*con intenzione marcata*)
          Sofronia, mia sorella.[49]

Ernesto (*con sorpresa crescente*)
          Sofronia! Sua sorella!
          Comincio ad impazzar!

Dottore (*piano ad Ernesto*)[50]
          (Per carità, sta' zitto,
                    Ci vuoi precipitar.)
(*piano a don Pasquale*)
          (Gli cuoce: compatitelo,
                    Lo vo' capacitar.)
(*prende Ernesto in disparte*)
          (Figliuol, non farmi scene,
          È tutto per tuo bene.
          Se vuoi Norina perdere
          Non hai che a seguitar.)
(*Ernesto vorrebbe parlare*)
          (Seconda la commedia,
                    Sta' cheto, e lascia far.)

---

48. P: questa battuta è giustamente passata a don Pasquale, che la pronuncia orgogliosamente "ad alta voce".
49. P: questa battuta chiarificatrice è stata tolta per accelerare il più possibile l'azione, che comunque risulta chiarissima.
50. Il libretto affida un ruolo determinante, nello sciogliere il nodo dell'arrivo di Ernesto, al Dottore, con questa ampia battuta, che Donizetti riduce notevolmente.

(volgendosi alla comitiva)
>Questo contratto adunque
>Si vada ad ultimar.

(il Dottore conduce a sottoscrivere prima Norina, poi Ernesto, quest'ultimo metà per amore, metà per forza)

Notaro *(riunendo le mani degli sposi)*
>Siete marito e moglie.

Don Pasquale
>Mi sento a liquefar.

Norina e **Dottore**
>(Va il bello a cominciar.)[51]

(appena segnato il contratto Norina prende un contegno naturale, ardito senza impudenza, e plenо di disinvoltura)[52]

Don Pasquale *(facendo l'atto di volerla abbracciare)*
>Carina!

Norina *(respingendolo con dolcezza)*
>Adagio un poco.
>Calmate quel gran foco.
>Si chiede pria licenza.

Don Pasquale *(con sommessione)*
>Me l'accordate?

---

51. Da questa battuta **P** segue nuovamente il libretto.
52. Appena firmato il contratto Norina, in rapidissima progressione, cambia atteggiamento. Bettina, invece (in **Anelli**), dapprima stringe la mano a Marcantonio, senza mutare atteggiamento; solo dopo l'arrivo degli invitati si trasforma, e lo fa di colpo, brutalmente, tanto che i presenti, per vero o per finta, ne restano stupiti: spunto tipico per il concertato finale, che si conclude con le parole "Zitto, flemma: il fatto è fatto; / e il non fatto si farà" (I, ultima). E con queste parole, che fanno venire in mente il "non ci pensar per ora, sarà quel che sarà" di Isabella dell'*Italiana in Algeri* – parole di Anelli! – il sipario si abbassa davanti a tutti i personaggi schierati di fronte al pubblico.

Norina (*seccamente*)

No.

(*qui il Notaro si ritira inosservato*)[53]

(*don Pasquale rimane mortificatissimo*)

Ernesto (*ridendo*)
Ah! ah!

Don Pasquale (*con collera*)
Che c'è da ridere,
Signore[54] impertinente?
Partite immantinente,[55]
Via, fuor di casa...

Norina (*con disprezzo*)

Oibò!
Modi villani e rustici
Che tollerar non so.
(*a Ernesto*)
Restate.
(*a don Pasquale*)
Le maniere[56]
Apprender vi saprò.

Don Pasquale (*consternato al Dottore*)[57]
Dottore!

Dottore (*consternato a don Pasquale*)[58]
Don Pasquale!

---

53. Il Notaio Ruffini se l'era dimenticato in scena, ma Donizetti l'ha fatto uscire al momento giusto, non appena firmato il contratto di nozze (vedi nota n. 47).
54. P: "signore" non è musicato.
55. P: "partite subito, immantinente".
56. P: "altre maniere".
57. P: didascalia "scoraggiato".
58. P: didascalia "imitandolo".

Don Pasquale
È un'altra!

Dottore
Son di sale!

Don Pasquale
Che vorrà dir?[59]

Dottore
Calmatevi,
Sentire mi farò.

Dottore e **Norina**[60]
(In fede mia dal ridere
Frenarmi più non so.)

Norina (*a don Pasquale*)
Un uom qual voi decrepito,
Qual voi pesante e grasso
Condur non può una giovine
Decentemente a spasso.
Bisogno ho d'un bracciere,[61]
(*accennando*[62] *Ernesto*)
Sarà mio cavaliere.

Don Pasquale (*con vivacità*)
Oh! questo poi, scusatemi,
Oh questo esser non può.[63]

---

59. P: "che dir vorrà?".
60. P: la battuta è affidata a Ernesto e Norina.
61. Bracciere, chi è addetto ad accompagnare una dama dandole il braccio. "Bracier diciam chi porge il braccio anch'oggi" (G.B. Casti, *Gli animali parlanti*, 1802).
62. P: didascalia "indicando".
63. P: "oh! questo non può star".

Norina (*freddamente*)
Perché?[64]

Don Pasquale (*risoluto*)
Perché no'l voglio.

Norina (*con scherno*)
Non lo volete?

Don Pasquale (*risoluto*)
No.

Norina (*facendosi presso a don Pasquale, con dolcezza affettata*)
Viscere mie,[65] vi supplico
Scordar quella[66] parola.
(*con enfasi crescente*)
Voglio, per vostra regola,
Voglio, lo dico io sola;
Tutti obbedir qui devono,
Io sola ho a comandar.[67]

---

64. **P**: "non può star? perché?".
65. **P**: "idolo mio": visto il grande ventre che Lablache portava in scena, si poteva trarre partito dall'allusione alle viscere, ma Donizetti, in questa fase della scena, punta invece sul patetico.
66. **P**: "questa". Donizetti si riferisce alla parola che Norina sta per pronunciare, cioè "voglio"; Ruffini invece pensava al precedente "no" di don Pasquale.
67. **P** da qui introduce ampie modifiche: "**Don Pasquale**: Dottore... – **Dottore**: (Ecco il momento critico.) – **Ernesto**: (Vediamo che sa far.) – **Don Pasquale**: Ma... ma... – **Norina**: Non voglio repliche. – **Don Pasquale** (*accennando Ernesto*): Costui... non può. – **Norina** (*instizzita*): Che ma?... / Taci, buffone. – **Don Pasquale**: Io? voi! – **Dottore** ed **Ernesto**: (Vediamo che sa far.) – **Norina**: Provato ho a prenderti / finora colle buone. (*facendoglisi presso con minaccia espressiva*) / Saprò, se tu mi stuzzichi, / le mani adoperar. – **Don Pasquale** (*colpito*): Ah! / (Sogno?... veglio?... cos'è stato? / Calci?... schiaffi?... brava! bene! / Buon per me che m'ha avvisato, / or vedrem che cos'avviene! / Bada bene, don Pasquale, / è una donna a far tremar!) – **Dottore**: (È rimasto là impietrato... / Sembra un uom cui manca il fiato.) – **Norina** ed **Ernesto**: (Vegli, o sogni, non sa bene, / non ha sangue nelle vene.) – **Dottore** (*a don Pasquale*): Via, coraggio, don Pasquale, / non vi state a sgomentar. – **Norina**: (Or l'amico, manco male, / si potrà capacitar.) – **Ernesto**: (Or l'intrico, manco male, / incomincio a decifrar.) – (*Norina suona per lungo tempo la sonnette*) – (*entra un servo*)".

Dottore
> (Ecco il momento critico.)

Ernesto
> (Lo stretto da passar.)[68]

Don Pasquale
> Ma se...

Norina
> Non voglio repliche.

Don Pasquale (*accennando Ernesto*)
> Costui...

Norina (*instizzita*)
> Taci buffone.

(*don Pasquale fa per parlare*)
> Zitto: provato a prenderti
> Finora ho colle buone.

(*facendoglisi presso con minaccia espressiva*)
> Saprò se tu mi stuzzichi
> Le mani adoperar.

(*don Pasquale dà indietro atterrito*)

Don Pasquale
> (Sogno?... veglio?... cos'è stato?
> Calci?... Schiaffi?... brava! bene!
> Buon per me che m'ha avvisato.
> Or vedrem che cosa viene!
> Che t'avesse, don Pasquale,
> Su' due piedi ad ammazzar!)

---

68. Uno fra i tanti casi in cui Donizetti sostituisce un'immagine metaforica ("lo stretto da passar") con il linguaggio diretto ("vediamo che sa far").

Norina ed **Ernesto**
(È rimasto là impietrato,
    Vegli, o sogni non sa bene.)

Dottore
(Sembra un uomo fulminato,
    Non ha sangue nelle vene.)

Dottore (*a don Pasquale*)
Fate core don Pasquale,
    Non vi state a sgomentar.

Norina
(Or l'amico, manco male,
    Si potrà capacitar.)

Ernesto
(Or l'intrico, manco male,
    Incomincio a indovinar.)
(*Norina va al tavolo, prende il campanello, e suona con violenza.*[69]
Entra un servo)

Norina (*al servo*)[70]
Riunita immantinente,
    La servitù qui voglio.

(*servo esce*)

---

69. La differenza fra suonare "con violenza", come indica il libretto, e suonare "per lungo tempo", come indica Donizetti in **P**, è notevole: «nel primo caso – scrive Piero Rattalino – il susseguirsi degli avvenimenti, momentaneamente arrestatosi, riprende mediante un brusco scossone, nel secondo si crea una tensione drammatica – si badi inoltre che in quel momento nessuno degli altri personaggi, neppure il Dottore, sa ancora che cosa voglia fare Norina». L'incertezza su quello che farà Norina è poi accresciuta dal fatto che la battuta "or nasce un altro imbroglio", che segue di poco, non viene affidata a Ernesto e al Dottore, come indica il libretto, ma solo al Dottore. È logico che Ernesto non sappia, ma che non sappia nulla il Dottore, questo dà veramente la misura dell'incertezza generale.
70. Da questa battuta **P** segue nuovamente il libretto.

Don Pasquale
> (Che vuol dalla mia gente?)

Dottore ed **Ernesto**[71]
> (Or nasce un altro imbroglio.)
>
> (*entrano due servi e un maggiordomo*)[72]

Norina (*ridendo*)[73]
> Tre in tutto! va benissimo,
> C'è poco da contar.
>
> (*al maggiordomo*)
>
> A voi. Da quanto sembrami,
> Voi siete il maggiordomo.
>
> (*maggiordomo s'inchina*)

---

71. **P**: soltanto Ernesto.
72. **P**: didascalia "vengono tre servi".
73. **P**: il dialogo col maggiordomo è molto tagliato: "**Norina**: Tre in tutto? (*ride*) va benissimo, / c'è poco da contar. / A voi. (*al maggiordomo*) Da quanto sembrami / voi siete il maggiordomo. (*maggiordomo s'inchina*) / Subito v'incomincio / la paga a raddoppiar. (*maggiordomo si confonde in inchini*) / Ora attendete agli ordini / che mi dispongo a dar. / Di servitù novella / pensate a provvedermi; / sia gente fresca e bella, / tale da farci onor. – **Don Pasquale** (*a Norina, con rabbia*): Poi quando avrà finito... – **Norina**: Non ho finito ancor. (*al maggiordomo*) / Di legni un paio sia / domani in scuderia; / quanto ai cavalli poi, / lascio la scelta a voi. – **Don Pasquale**: Poi quando avrà finito... – **Norina**: Non ho finito ancora. – **Don Pasquale**: Bene. – **Dottore**: Meglio. – **Norina**: La casa è mal disposta. – **Don Pasquale**: La casa? – **Norina**: La vo' rifar di posta, / sono anticaglie i mobili, / si denno rinnovar. / Vi son mill'altre cose / urgenti, imperiose, / un parrucchier da scegliere, / un sarto, un gioielliere... – **Don Pasquale**: Avete mai finito? – **Dottore** (*a Ernesto*): (Vedi... senti... meglio... / che te ne par?) – **Don Pasquale**: Ancora... ebben... che? / Se... io... voi... (*con rabbia concentrata*) avete ancor finito? – **Norina**: Fate le cose in regola, / non ci facciam burlar. – **Dottore** e **Ernesto**: (Comincia a lampeggiar.) – **Don Pasquale**: Ma dico... (sto quasi per schiattar...) (*i servi partono*) / Chi paga?". Donizetti introduce ampi tagli nella scena col maggiordomo: l'idea era buona, ma non era il caso di tirarla tanto per le lunghe. Così è caduto il riferimento ai soldi ("quattro ruspi") che è fortissimo in Marcantonio, ma secondario in don Pasquale, al numero esatto dei servi ("due dozzine"), alle caratteristiche dei cavalli e delle carrozze, all'ordine di preparare un pranzo per cinquanta. Una rilettura affiancata dei due testi – quello librettistico e quello musicato – dà un'idea molto precisa della volontà di sintesi che ha guidato la mano di Donizetti.

Esperto nel servizio,
Attivo, galantuomo,
S'intende. Vi commincio
La paga a raddopiar.
(*maggiordomo si confonde in inchini*)

Don Pasquale
Addio quei quattro ruspi,[74]
Son bello e rovinato!

Dottore ed **Ernesto**
Quel diavolo incarnato,
Tutte le va a cercar.

Norina (*al maggiordomo*)
Ora attendete agli ordini,
Che mi dispongo a dar.
Di servitù novella
Pensate a provvedermi;
Sia gente fresca e bella,
Tale da farci onor.
Parmi che due dozzine
Potran bastar per or.

Don Pasquale (*a Norina con rabbia*)
Poi quando avrà finito...

Norina
Non ho finito ancor.
(*al maggiordomo*)
Di legni un paio sia
Stassera in scuderia,[75]

---

74. Soldi faticosamente raggranellati, dal verbo ruspare.
75. Sintomatica la variante in **P** ("domani in scuderia"): "stassera" era veramente esagerato.

Uno leggero e basso,
In quello andremo a spasso,
L'altro più greve e solido
Da viaggio servirà.
Quanto ai cavalli poi,
Lascio la scelta a voi.
Siano di razza inglese,
E non si badi a spese.
Otto da tiro; due
Da sella e basterà.
La casa è mal disposta,
La vo' rifar di posta,
Sono anticaglie i mobili,
Si denno rinnovar.
Vi son mill'altre cose
Urgenti, imperïose,
Un parrucchier da scegliere,
Un sarto, un gioielliere,
Ma questo con più comodo
Domani si può far.

Don Pasquale (*con rabbia concentrata*)
Avete ancor finito?

Norina (*seccamente*)
No.
(*al maggiordomo*)
Mi scordavo il meglio.
Farete che servito
Sia per le quattro un pranzo
Nel gran salon terreno;
Sarem cinquanta almeno,
Fate le cose in regola,
Non ci facciam burlar.
(*d'un cenno congeda il maggiordomo che parte coi servi*)

Dottore (*guardando don Pasquale*)
(Il cielo si rannuvola.)

Ernesto
(Commincia a lampeggiar.)

Norina (*volgendosi con calma a don Pasquale*)
Ecco finito.

Don Pasquale
Grazie.
Chi paga?

Norina[76]
Oh bella! voi.

Don Pasquale
A dirla qui fra noi
Non pago mica.

Norina
No?

Don Pasquale (*riscaldato*)
Sono o non son padrone?[77]

Norina (*con disprezzo*)
Mi fate compassione.
(*con forza*)[78]
Padrone ov'io comando?

Dottore (*interponendosi a Norina*)
Sorella...

---

76. Da questa battuta **P** segue nuovamente il libretto.
77. **P**: la battuta è preceduta da un "no!".
78. **P**: didascalia "battendo i piedi".

Norina

Or or vi mando...[79]

(*a don Pasquale con furia crescente*)

Siete un villano, un tanghero...

Don Pasquale (*con dispetto*)

È vero: v'ho sposato.

Norina (*come sopra*)

Un pazzo temerario...

Dottore (*a don Pasquale che sbuffa*)[80]

Per carità, cognato.

Norina

Che presto alla raggione
Rimettere saprò.

(*don Pasquale è fuori di sé, vorrebbe e non può parlare, la bile lo affoga*)[81]

Don Pasquale

(Son tradito, calpestato,[82]
Son di riso a tutti oggetto,[83]
Quest'inferno anticipato
Non lo voglio sopportar.
Dalla rabbia e dal dispetto
Sto vicino a soffocar.)[84]

---

79. P inserisce una battuta di Ernesto fra sé: "Bene! meglio!".
80. P: didascalia "interrompendo".
81. P: questa didascalia è sviluppata in una serie di rapidi interventi di don Pasquale: "Io? voi sola siete pazza! / Io sono qui il padrone... (*sbuffando sempre, senza poter parlare dalla rabbia*) / Io... se... ma... (*sbuffando sempre e crescendo*) (*scoppia*)".
82. P: "Son tradito, beffeggiato". **Anelli**: "M'ha tradito, m'ha gabbato" (I, ultima).
83. P: "mille furie ho dentro il petto".
84. P: questi ultimi due versi non sono musicati.

Norina (*a Ernesto*)[85]
>   (Or t'avvedi, core ingrato,
>   Che fu ingiusto il tuo sospetto,
>   Solo amor m'ha consigliato
>   Questa parte a recitar.
> (*accennando don Pasquale*)
>   Don Pasquale, poveretto!
>   È vicino ad affogar.)

Ernesto (*a Norina*)
>   (Sono, o cara, sincerato,
>   Momentaneo fu il sospetto,
>   Solo amor t'ha consigliato
>   Questa parte a recitar.
> (*accennando don Pasquale*)
>   Don Pasquale, poveretto!
>   È vicino ad affogar.)

Dottore (*a don Pasquale*)[86]
>   Siete un poco riscaldato,
>   Don Pasquale, andate a letto.
> (*a Norina, con rimprovero*)
>   Far soprusi a mio cognato!
>   Non lo voglio sopportar.

---

85. Il controcanto di Norina ed Ernesto, che in mezzo alla tempesta generale riescono a scambiarsi qualche parola d'amore, è una bella novità rispetto al libretto di **Anelli**, che non ritiene di trar partito da questa possibilità: e l'avrebbe potuto, accostando Medoro e Bettina, Tobia e Dorina.
86. P: le ultime battute del Dottore sono modificate: "(*a don Pasquale*): Siete un poco riscaldato, / mio cognato, andate a letto. / Son stordito, son sdegnato, / l'ha costei con me da far. / (*a Ernesto*) Attenzion che il poveretto / non vi vegga amoreggiar". Da notare l'ultima variante "non vi vegga amoreggiar": questo è parlar chiaro, questo vuol dire farsi capire anche nel mezzo di un concertato. Ruffini non aveva saputo rinunciare all'eufemistico "ragazzacci, ma cospetto! / non vi state a palesar".

(agli amanti, coprendoli perché don Pasquale non li veda)
(Ragazzacci, ma cospetto!
  Non vi state a palesar.)[87]

---

87. **P**: dopo l'ultimo intervento del Dottore, l'atto si chiude con la ripresa di alcuni spunti precedenti: "**Don Pasquale** (*a Norina, ironico*): La casa è mal disposta, / son anticaglie i mobili... / un pranzo per cinquanta, / un sarto, un gioielliere... – **Norina** (*con dispetto*): Sì. – (*Ernesto e Dottore ridono*) – **Don Pasquale** (*sbuffando*): Son tradito, beffeggiato, / mille furie ho dentro il petto, / dalla rabbia, dal dispetto, / son vicino a soffocar". A Donizetti è sfuggito che il "pranzo per cinquanta" era stato tagliato: poco male!

Atto terzo

Scena prima

Sala in casa di don Pasquale come all'atto I e II.
Sparsi sui tavoli, sulle sedie, per terra, articoli di abbigliamento
femminile, abiti, cappelli, pelliccie, sciarpe, merletti, cartoni, etc.

> *Don Pasquale seduto nella massima costernazione*
> *davanti una tavola piena zeppa di liste e fatture;*
> *vari servi in attenzione.*
> *Dall'appartamento di donna Norina esce un*
> *parrucchiere con pettini, pomate, cipria,*
> *ferri da arricciare, etc., attraversa la scena,*
> *e via per la porta di mezzo.*[1]

[*Introduzione*]

I Cameriera[2] (*facendosi sulla porta dell'appartamento di donna*
Norina ai servi)
I diamanti presto, presto.

Un Servo (*annunziando*)[3]
La scuffiara.[4]

---

1. La scena deriva da **Anelli**: "**Falegnami**: Son pronti i falegnami. – **Muratori**: Chi vuole i muratori? – **Mercanti di mode**: Abiti con ricami. – **Bijouttieri**: Perle, coralli. – **Mercanti**: Fiori. – **Tutti**: La dama che ci chiama, / non ha che a comandar. – **Marcantonio**: Io qui comando: al diavolo / ve ne potete andar. / Andate via di qua... presto... partite" (II, 4).
2. P: la scena dei servi non modifica le parole, ma la distribuzione, affidata prevalentemente al coro. Questa prima battuta è affidata alle cameriere, con la didascalia "servi e donzelle che vanno e vengono continuamente".
3. P: "Servi (*uno annunziando*)".
4. La scuffiara, o cuffiara, o anche cuffiaia, affolla il melodramma del Settecento; la sua presenza qui è forse un ricordo del mestiere di Bettina nel *Ser Marcantonio*.

II Cameriera[5] (*come sopra*)
> Venga avanti.

(*la scuffiara portante un monte di cartoni viene introdotta nell'appartamento di donna Norina*)

III Cameriera[6] (*con pelliccia, grande mazzo di fiori, boccette d'odore che consegna a un servo*)
> In carrozza tutto questo.

IV Cameriera[7]
> Il ventaglio, il velo, i guanti.

V Cameriera
> I cavalli sul momento
> Ordinate d'attaccar.

Don Pasquale
> Che marea![8] che stordimento!
> È una casa da impazzar.

(*a misura che le cameriere danno gli ordini di sopra, i servi eseguiscono in fretta. Ne nasce trambusto e confusione*)[9]

---

5. P: "Cameriera (*una*)".
6. P: "Un servo".
7. P: questa e la battuta seguente sono affidate a "Altre cameriere e altri servi".
8. "Che marea" si legge in **P**. Sul libretto si legge invece "che maro", che deve essere pronunciato con la "o" accentata per la scansione dell'ottonario trocaico (accenti sulla terza e settima sillaba). Potrebbe trattarsi di un semplice refuso; ma potrebbe anche trattarsi della grafia italianizzata del francese "maraud", furfante, un francesismo che non sta affatto male sulla bocca di don Pasquale, che già aveva detto "toilette". I libretti stampati successivamente, di fronte all'impossibilità di spiegare "marò", hanno in genere accettato la dizione "che baccan". Il libretto originale bilingue propone la traduzione "quelle grêle", cioè che grandinata, che gragnuola.
9. P: la lunga didascalia è sostituita da "corrono via tutti".

[Scena e Duetto]

Don Pasquale (esaminando le note)
Vediamo: alla modista[10]
Cento scudi. Obbligato! Al carrozziere
Seicento. Poca robba!
Nove cento e cinquanta al gioielliere.
Per cavalli...
(getta le note con stizza e si alza)
                    Al demonio
I cavalli, i mercanti, e il matrimonio![11]
(pensa)
Che cosa vorrà dir questa gran gala!
Escir sola a quest'ora
Un primo dì di nozze
È un atto così fuor d'ogni ragione
Ch'io, marito e padrone,
Debbo oppormi a ogni modo ed impedirlo.[12]
Ma... si fa presto a dirlo.
Colei ha certi occhiacci,
Certo far da regina[13]
Che mi viene la pelle di gallina
Solamente a pensarvi. Ah! don Pasquale,
Chi te l'ha fatta far! Ad ogni modo
Vo' provarmi. Se poi
Fallisce il tentativo... Eccola; a noi.

10. Ossia alla scuffiara.
11. P aggiunge: "Per poco che la duri in questo modo, / mio caro don Pasquale, / arrivederci presto all'ospedale!".
12. P modifica la frase: "Escir sola a quest'ora / nel primo dì di nozze... / (risoluto) Debbo oppormi a ogni costo ed impedirlo".
13. P: dopo "regina" alcuni punti di sospensione, e taglio delle parole seguenti fino a "... chi te l'ha fatta far!". Ruffini, non ancora monarchico, associa la regalità al più bieco strapotere. In anni successivi, in molti libretti si legge invece, prudenzialmente, "certo far da sultana"!

Scena seconda

Norina, e detto.
Norina entra correndo, e senza badare a don Pasquale,
fa per escire. È vestita in grandissima gala,
ventaglio in mano.

Don Pasquale
Dove corre in tanta fretta
Signorina, vorria dirmi?[14]

Norina
È una cosa presto detta,
Vo a teatro a divertirmi.[15]

Don Pasquale
Ma il marito, con sua pace,
Non voler potria talvolta.

Norina[16]
Il marito vede e tace,
Quando parla, non s'ascolta.

Don Pasquale (*con bile crescente*)[17]
A non mettermi al cimento,
Per suo bene, la consiglio.[18]
Vada in camera al momento,
Ella in casa resterà.

14. P: "Signorina, in tanta fretta, / dove va vorrebbe dirmi?". In tutta questa scena don Pasquale si rivolge sempre a Sofronia chiamandola "signorina".
15. P: "al teatro a divertirmi".
16. P: didascalia "ridendo".
17. P: "**Don Pasquale** (*imitandola*): Non s'ascolta. (*furioso*) A non mettermi ecc.".
18. P: "signorina, la consiglio".

Norina (*con aria di motteggio*)
> A star cheto e non far scene
> > Per mia parte la scongiuro.
> > Vada a letto, dorma bene,
> > Poi doman si parlerà.
> (*va per uscire*)

Don Pasquale (*interponendosi fra lei e la porta*)
> Non si sorte.

Norina (*ironica*)
> > > Veramente!!

Don Pasquale
> Sono stanco.

Norina
> > > Sono stuffa.[19]

Don Pasquale
> Civettella!

Norina (*con gran calore*)
> > > Impertinente,
> > Prendi su che ben ti sta!
> (*gli dà uno schiaffo*)

Don Pasquale[20]
> > > > (Ah!
> È finita, don Pasquale,
> > Più non romperti la testa.
> > Il partito che ti resta
> > È d'andarti ad annegar.)[21]

---

19. P: "(*per andarsene*) – **Don Pasquale**: Non si sorte. – **Norina**: Non v'ascolto. – **Don Pasquale**: Sono stanco. – **Norina**: Sono stuffa".
20. P: didascalia "da solo, quasi piangendo".
21. P: "È finita, don Pasquale, / hai bel romperti la testa. / Altro a fare non ti resta / che d'andarti ad annegar". **Anelli**: "E non vai, Marcantonio, ad impiccarti?" (II, 2).

Norina

(È duretta la lezione,
   Ma ci vuole a far l'effetto.
   Or bisogna del progetto
   La riuscita assicurar.)
(a don Pasquale)[22]
   Parto dunque...

Don Pasquale

                    Parta pure.
   Ma non faccia più ritorno.

Norina[23]

   Ci vedremo al nuovo giorno.

Don Pasquale

   Porta chiusa troverà.

Norina[24]

      Via, caro sposino,
         Non farmi il tiranno,
         Sii dolce e bonino,
         Rifletti all'età.
      Va a letto, bel nonno,
         Sia cheto il tuo sonno,
         Per tempo a svegliarti
         La sposa verrà.

Don Pasquale

      Divorzio! divorzio!
         Che letto, che sposa,
         Peggiore consorzio
         Di questo non v'ha.

22. **P**: didascalia "a don Pasquale decisa".
23. **P**: didascalia "con cochetteria".
24. **P**: "**Norina** (*vuol partire, poi ritorna*): Ah! sposo! (*con coquetterie*) Via, caro sposino," ecc.

Ah![25] povero sciocco!
Se duri in cervello
Con questo martello
Miracol sarà.

(*Norina via*)
(*nell'atto di partire, Norina lascia cadere una carta, don Pasquale se ne avvede e la raccoglie*)[26]

[*Recitativo e Coro*]

Don Pasquale
Qualche nota di cuffie e di merletti
Che la signora semina per casa.
(*la spiega e legge*)[27]
«Adorata Sofronia.»
(*nella massima ansietà*)
Ehi! ehi! che affare è questo!
(*legge*)
«Fra le nove e le dieci della sera
«Sarò dietro al giardino,
«Dalla parte che guarda a settentrione.
«Per maggior precauzione
«Fa se puoi d'introdurmi
«Pe'l piccolo cancello.[28] A noi ricetto
«Daran securo l'ombre del boschetto.
«Mi scordavo di dirti
«Che annunzierò cantando il giunger mio.
«Mi raccomando. Il tuo fedele. Addio.»

25. **P**: "Oh!".
26. **P** precisa che don Pasquale "se ne avvede", ma la raccoglie solo dopo aver pronunciato i primi due versi del recitativo.
27. **P**: didascalia "raccoglie la lettera e legge".
28. **P**: "per la porta segreta".

(*fuori di sé*)
Questo è troppo; costei
Mi vuol morto arrabbiato!
Ah! non ne posso più, perdo la testa!
(*scampanellando*)[29]
Si chiami Malatesta.
(*ai servi che entrano*)
Correte dal dottore,
Ditegli che sto mal, che venga tosto.
(O crepare o finirla ad ogni costo!)

(*esce*)

Scena terza

Entra Coro *di servi e cameriere.*

Tutti[30]
Che interminabile andirivieni!
Non posso reggere, rotte ho le reni.[31]
Tin tin di qua, ton ton di là,
In pace un attimo mai non si sta.
Ma... casa buona montata in grande,
Si spende, e spande, v'è da scialar.

Donne
Finito il pranzo vi furon scene.

---

29. P: didascalia "suona il campanello".
30. Nessuno spunto, in **Anelli**, per questo bellissimo coro, pieno di vivacità e di malizia. Da notare, fra l'altro, l'esclusione del secondo verso "non posso reggere, rotte ho le reni". Intanto è di difficile pronuncia, e poi non interessa che i camerieri siano stanchi; interessa che corrano, e che spettegolino, nient'altro.
31. P: questo verso non è musicato.

Uomini
Comincian presto. Contate un po'.

Donne
Dice il marito: «Restar conviene.»
Dice la sposa: «Sortire io vo'.»
Il vecchio sbuffa, segue baruffa.

Uomini
Ma la sposina l'ha da spuntar.
V'è un nipotino guastamestieri...

Donne
Che tiene il vecchio sopra pensieri.

Uomini
La padroncina è tutta foco.

Donne
Par che il marito lo conti poco.

Tutti
Zitto, prudenza, alcun qui viene;[32]
Si starà bene, v'è da scialar.

(escono)

Scena quarta

Dottore, e Ernesto, sul limitare della porta.

[*Recitativo e Duetto*]

Dottore
Siamo intesi.

---

32. P: "zitti, prudenza; alcuno viene".

Ernesto

Sta bene. Ora in giardino
Scendo a far la mia parte.

Dottore
Mentr'io fo qui la mia.
Sopratutto che il vecchio
Non ti conosca!

Ernesto

Non temer.

Dottore

Appena
Venir ci senti...

Ernesto

Su il mantello e via.

Dottore
Ottimamente.

Ernesto

A rivederci.

(*Ernesto esce*)

Dottore (*avanzandosi*)

Questa
Repentina chiamata
Mi prova che il biglietto
Del convegno notturno ha fatto effetto.
(*guarda fra le scene*)
Eccolo!... com'è pallido, e dimesso!
Non sembra più lo stesso...
Me ne fa male il core...
Ricomponiamo un viso da dottore.

Scena quinta

Don Pasquale abbattutissimo s'innoltra lentamente.

Dottore (*andandogli incontro*)
Don Pasquale...

Don Pasquale (*con tristezza solenne*)
      Cognato, in me vedete
Un morto che cammina.

Dottore
        Non mi fate
Languir. Che fu? Parlate.[33]

Don Pasquale (*senza badargli e come parlando a se stesso*)
Pensar che per un misero puntiglio
Mi son ridotto a questo!
Mille Norine avessi dato a Ernesto!

Dottore
(Cosa buona a sapersi.)
Mi spiegherete alfin.

Don Pasquale[34]
       Mezza l'entrata[35]
D'un anno in cuffie e in nastri consumata!
Ma questo è nulla.

Dottore
      E poi?

---

33. **P**: "languire a questo modo".
34. **P**: didascalia "mostrando gli abiti, scialli etc.".
35. **P**: "mezza entrata".

Don Pasquale

La signorina

Vuol escire a teatro.
M'oppongo colle buone,
Non intende ragione, e son deriso.
Comando... e della man mi dà sul viso.

Dottore
Uno schiaffo!!

Don Pasquale

Uno schiaffo, sì signore![36]
Ma questo è nulla, v'è di peggio ancora.
Leggete.
(*porge la lettera al Dottore che legge dando segni di sorpresa crescente fino all'orrore*)

Dottore

Io son di sasso.

Don Pasquale (*riscaldandosi*)
Corpo d'un satanasso,
Voglio vendetta!

Dottore

È giusto.

Don Pasquale

Assicurarla

Sta in noi.

36. Alla prima rappresentazione la scena proseguiva come è scritto sul libretto: dopo l'accenno allo schiaffo don Pasquale andava subito oltre, e passava alla questione della lettera. Questo era il risultato di una serie di aggiustamenti, probabilmente iniziati sulla base di una scena molto più ampia; ma a forza di tagliare, si era verificato un inconveniente, e cioè che la scena era troppo breve e il Dottore aveva in essa un ruolo secondario. A cose fatte, e mentre era già a Vienna, Donizetti scrisse a Michele Accursi inviandogli l'ampia interpolazione che dava uno spazio ben maggiore al Dottore, e che Donizetti aveva già collaudato nel corso della rappresentazione viennese al Kärntnertortheater del 14 maggio 1843. Vedi il testo in Appendice III, pag. 124.

Dottore

Come?

Don Pasquale

Ascoltate.

Ho un mio ripiego; ma sediam.
(*siedono*)

Dottore

Parlate.

Don Pasquale[37]

Cheti cheti immantinente[38]

Nel giardino discendiamo,

Prendo meco la mia gente,

Il boschetto circondiamo,

E la coppia sciagurata

A un mio cenno imprigionata

Senza perdere un momento

Conduciam dal podestà.[39]

Che vi par del pensamento?

Dottore

Parlo schietto, non mi va.

Riflettete. La colpevole

M'è sorella, è moglie vostra.

Ah non stiamo l'onta nostra

Su pei tetti a divulgar.

---

37. Da qui **P** segue nuovamente il libretto. Nel *Ser Marcantonio* la scena viene immaginata dal servo Pasquino, che la propone al padrone con immagini che sono state in parte ricalcate da Ruffini, fino alla citazione: "Voi dovreste / cheto cheto, all'oscuro / girar a quella parte, e se con altri / ella va nel casino, / chiuderla dentro, portar via la chiave, / convocare ad un tratto / giudici, amici, ed il processo è fatto" (II, 7).

38. Senza indugio.

39. **P**: da qui taglio fino alla ripresa del Dottore "Io direi...".

Don Pasquale e **Dottore**
>   Espediente più a proposito
>   Procuriam d'imaginar.

Dottore
>   Io direi... sentite un poco.
>   Noi due soli andiam sul loco,
>   Nel boschetto ci appostiamo,
>   A suo tempo[40] ci mostriamo
>   E tra preghi, tra minaccie
>   D'avvertir l'autorità,
>   Ci facciam dai due promettere[41]
>   Che la tresca ha fine là.[42]
>   Don Pasquale che vi par?[43]

Don Pasquale (*alzandosi*)
>   Perdonate, non può star.
>   È siffatto scioglimento
>   Poca pena al tradimento.[44]
>   Vada fuor di casa mia,
>   Altri patti non vo' far.

Don Pasquale e **Dottore**[45]
>   È un affare delicato,
>   Vuol ben esser ponderato.
>   La prudenza col rigore
>   Qui bisogna conciliar.

---

40. **P**: "ed a tempo".
41. **P**: didascalia "con grande mistero".
42. **P**: "che la cosa resti là"; il Dottore, che minimizza, non dice "tresca", ma un misterioso "cosa".
43. **P**: questo verso del Dottore, e il primo che segue di don Pasquale, sono tagliati.
44. **P**: il Dottore interviene: "rifletti, è mia sorella".
45. **P**: l'ulteriore ricerca della soluzione è abilmente differita in un sapido gioco di battute: "**Dottore**: È un affare delicato, / vuol ben esser ponderato. – **Don Pasquale**:

Dottore (*a un tratto*)
L'ho trovata!

Don Pasquale

Oh benedetto!
Dite presto.

Dottore

Nel boschetto
Quatti quatti ci appostiamo,
Di là tutto udir possiamo.
S'è costante il tradimento,
Su' due piè s'ha da cacciar.

Don Pasquale
Son contento, va benone.

Dottore

Ma con patto e condizione
Che l'intento ad ottenere
M'accordiate di potere
Fare e dire a nome vostro
Tutto quello che mi par.

Ponderate, esaminate, / ma in mia casa non la vo'. – **Dottore**: Uno scandalo farete, / e vergogna poi ne avrete. – **Don Pasquale**: Non importa... non importa. – **Dottore**: Non conviene, non sta bene. / altro modo cercherò. (*riflette intanto*) – **Don Pasquale** (*imitandolo*): Non sta bene, non conviene... / Ma lo schiaffo qui restò. – (*pensano tutti e due*) – **Don Pasquale**: Io direi... – **Dottore** (*come inspirato*): L'ho trovata! – **Don Pasquale**: Benedetto! / Dite presto. – **Dottore**: Nel boschetto / quatti quatti ci portiamo, / di là tutto udir possiamo. / S'è costante il tradimento, / la cacciate sui due piè. – **Don Pasquale**: Bravo, bravo, va benone, / son contento, bravo, bravo. – **Dottore**: Ma... ma... – **Don Pasquale**: (Aspetta, aspetta ecc.". I due "ma" del Dottore vanno cambiati in due "sì", poiché egli è ormai d'accordo con don Pasquale. Il "ma" è rimasto nella **P** come spunto d'attacco per un ulteriore intervento del Dottore, quello che leggiamo nel libretto ("Ma con patto e condizione..."), che però è stato eliminato.

Don Pasquale

Carta bianca vi concedo,
Fate pur quel che vi par.
Aspetta, aspetta
Cara sposina
La mia vendetta
Già s'avvicina,
Già già ti preme,
Già t'ha raggiunto,
Tutte in un punto
L'hai da scontar.
Vedrai se giovino
Raggiri e cabale,
Sorrisi teneri,
Sospiri e lagrime;
La mia rivincita
Mi voglio prendere,[46]
Sei nella trappola,
V'hai da restar.

Dottore

(Il poverino
Sogna vendetta,
Non sa il meschino
Quel che l'aspetta,
Invano freme,
Invano arrabbia,
È chiuso in gabbia,
Non può scappar.

---

46. P: "or voglio prendere / la mia rivincita".

Invano accumula
Progetti e calcoli;
Non sa che fabbrica
Castelli in aria;
Non vede il semplice
Che nella trappola
Da se medesimo
Si va a gettar.)[47]

(escono insieme)

---

47. P: l'uscita è ulteriormente elaborata: "**Dottore**: La cacciate su' due piè, / e la tolgo via con me. – **Don Pasquale**: Va benone, son contento. – **Dottore**: Non può scappar. – **Don Pasquale**: L'hai da scontar".

Scena sesta

*Boschetto nel giardino attiguo alla casa di don Pasquale; a
sinistra dello spettatore gradinata che dalla casa mette in giardino;
a dritta belvedere.*
Piccolo cancello[48] *in fondo.*

Ernesto, e Coro di dentro.

[*Serenata e Duettino*]

Ernesto[49]

    Com'è gentil – la notte a mezzo april!
    È azzurro il ciel – la luna è senza vel;[50]
    Tutto è languor – pace, mistero, amor
    Ben mio, perché – ancor non vieni a me?
      Sembra che l'aura
        Formi sospiri e accenti,
        Del rio nel mormore
        Carezze e baci senti;[51]

48. Il cancello deve essere mutato in una porta segreta (vedi nota n. 28).
49. Anche nel *Ser Marcantonio* lo scherzo finale, nella "notte oscurissima", è preceduto da una serenata a tre, un *Moderato affettuoso* in due quarti cui partecipano
Bettina, Medoro e Tobia: "Or che fra i taciti / notturni orrori / gli amanti scherzano, /
giocan gli amori, / io peno, e palpito, / mio ben, per te" (II, 8). L'idea di mettere a
questo punto una "serenata romanesca" accompagnata da chitarre, tamburelli e un
piccolo coro, è stata sicuramente suggerita da **Anelli**; in quanto al colore romano,
andava bene sia per quel tanto di esotismo che una cosa del genere avrebbe sortito a
Parigi, sia per il fatto di venir cantata da Mario, il bel Giovanni Matteo De Candia,
scuro di capelli, ardente nello sguardo, come il pubblico parigino immaginava do-
vesse essere un innamorato meridionale. Ruffini però, nel suo romanzo *Il dottor
Antonio*, parla di villanella ligure: "queste villanelle alquanto simili alla serenata del
Don Pasquale, sono canzoni popolari nella Riviera. La melodia, semplicissima nei
modi, è sostenuta successivamente or dall'una or dall'altra delle voci, senz'altro ac-
compagnamento che di poche note abbreviate delle altre due".
50. P: il coro ripete questo verso.
51. P: la quartina molto irregolare formata da un quinario piano, un settenario piano, un quinario sdrucciolo, un settenario piano, in **P** viene corretta in una serie di

Il tuo fedel – si strugge di desir;[52]
Nina crudel – mi vuoi veder morir!!
Poi quando sarò morto, piangerai,
Ma ritornarmi in vita non potrai.

Coro (*di dentro*)
Poi quando sarà morto, piangerai,
Ma ritornarlo in vita non potrai.
(*Norina esce con precauzione dalla parte del belvedere, e va ad aprire
ad Ernesto, che si mostra dietro il cancello.
Ernesto è avvolto in un mantello che lascerà cadere*)

Norina ed **Ernesto**
Tornami a dir che m'ami,

Dimmi che mi°ₐ tu sei;

Quando tuo ben mi chiami
La vita addoppi in me.
La voce tua sì cara
Rinfranca il core oppresso;

Sicur°ₐ a te dappresso,

Tremo lontan da te.

---

quinari (il terzo sdrucciolo): "Formano l'aure / d'amore accenti, / del rio nel mormu-
re / sospiri senti".
52. P: la sestina finale è così modificata: "**Ernesto** e **Coro**: Ben mio, perché – ancor
non vieni a me? / Poi quando sarò(à) morto piangerai, / ma richiamarmi(lo) in vita
non potrai. – **Ernesto**: Il tuo fedel – si strugge di dolor; / Nina crudel – mi vuoi veder
morir? – **Ernesto** e **Coro**: Poi quando sarò(à) morto piangerai, / ma richiamarmi(lo)
in vita non potrai". Ruffini, in una lettera alla madre del 27 marzo 1843, si lamenta
che Mario si ostina a cantare "il tuo fedel si strugge di dolor", invece che di "desir",
come gli pareva "come la capra a messa, o lo zucchero nello stufato". Ma non è forse
vero che il desire di un innamorato può essere tanto acuto da tramutarsi in doloroso
struggimento? Del resto è stato lo stesso Donizetti a preferire "dolor", forse per un
motivo di ordine vocale, per l'esigenza di dare una sonorità più aperta, più rotonda
alla conclusione di frase con la vocale "o", piuttosto che stringerla un poco con la
vocale "i".

(si vedono don Pasquale e il Dottore muniti di lanterne sorde[53] entrar pian piano nel cancello, si perdono dietro agli alberi per ricomparire a suo tempo)[54]

[*Scena e Rondò Finale III*]

Norina *(sommessamente)*
Sento rumor.

Ernesto
           Son dessi...

Norina
Comincia l'ultim atto.

Ernesto
Se perder ti dovessi!

Norina
Fa cor, t'affida in me.

Scena settima[55]

Don Pasquale, Dottore, e detti.

(mentre don Pasquale e il Dottore ricompariscono, Ernesto riprende il mantello, e si scosta alquanto da Norina nella direzione della casa di don Pasquale)

Don Pasquale
Eccoli; attenti ben...

Dottore
           Mi raccomando...

53. Lanterne sorde, lo stesso che cieche: in parte schermate per far lume in una sola direzione.
54. P: da qui si passa direttamente alla scena VII: le ulteriori battute di Norina ed Ernesto sono eliminate.
55. Libretto: la scena VII inizia poco dopo, alla battuta di don Pasquale «Alto là!».

Don Pasquale (*sbarrando la lanterna in volto a Norina*)
Alto là!

Norina
     Ladri, aiuto!

Don Pasquale (*a Norina*)
Zitto; ov'è il drudo?

Norina
         Chi?

Don Pasquale
             Colui che stava
Con voi qui amoreggiando.[56]

Norina (*con risentimento*)
            Signor mio,
Mi meraviglio, qui non v'era alcuno.

Dottore
(Che faccia tosta!)

Don Pasquale
         Che mentir sfacciato!
Saprò ben io trovarlo.
(*don Pasquale e il Dottore fanno indagini nel boschetto.
Ernesto entra pian piano in casa*)

Norina
        Vi ripeto
Che qui non v'era alcun, che voi sognate.

Dottore
A quest'ora in giardin che facevate?

Norina
Stavo prendendo il fresco.

---

56. P: "qui con voi amoreggiando".

Don Pasquale
Il fresco!
(*con esplosione*)
                    Ah donna indegna,
Fuor di mia casa, o ch'io...[57]

Norina
Ehi, ehi, signor marito,
Su che tuon la prendete?

Don Pasquale
                    Escite, e presto.

Norina
Nemmen per sogno. È casa mia, vi resto.

Don Pasquale
Corpo di mille bombe!

Dottore
                    (Don Pasquale,
Lasciate fare a me; solo badate
A non smentirmi; ho carta bianca...)

Don Pasquale
                    (È inteso.)

Norina
(Il bello adesso viene!)

Dottore[58]
(Stupor misto di sdegno, attenta bene.)
Sorella, udite, io parlo
Per vostro ben; vorrei
Risparmiarvi uno sfregio.

---

57. P: "fuori di casa mia, o ch'io...".
58. P: didascalia "a Norina di soppiatto". Molto gustose queste battute sottovoce del Dottore, tutte d'invenzione di Ruffini, poiché in Anelli Bettina viene immediatamente rinchiusa nel casino.

Norina[59]

A me uno sfregio!

Dottore
(Benissimo.) Domani in questa casa
Entra la nuova sposa...

Norina

Un'altra donna![60]
A me simile ingiuria![61]

Dottore
(Ecco il momento di montare in furia.)
(*don Pasquale tien dietro al dialogo con grande interesse*)

Norina
Sposa di chi?

Dottore

D'Ernesto, la Norina.

Norina (*con disprezzo*)
Quella vedova scaltra, e civettina!

Don Pasquale (*al Dottore*)
(Bravo Dottore!)

Dottore

(Siamo
A cavallo.)

Norina

Colei qui a mio dispetto!
Norina ed io sotto l'istesso tetto!
(*con forza*)
Giammai! piuttosto parto.

59. P: didascalia "con calore".
60. P: didascalia "don Pasquale è attentissimo al dialogo".
61. P: "a me un'ingiuria?".

Don Pasquale
(Ah! lo volesse il ciel!)

Norina (*cambiando modo*)
                    Ma... piano un poco.
Se queste nozze poi fossero un gioco!
Vo' sincerarmi pria.

Dottore
È giusto.
(*a don Pasquale*)
        (Don Pasquale, non c'è via;
Qui bisogna sposar quei due davvero,
Se no costei non va.)

Don Pasquale
                    (Non mi par vero.)

Dottore (*chiamando*)
Ehi! di casa, qualcuno,
Ernesto...

Scena ultima

Ernesto, e servi.

Ernesto
        Eccomi.

Dottore
            A voi
Accorda don Pasquale
La mano di Norina, e un annuo assegno
Di quattromila scudi.

Ernesto
                    Ah! caro zio!
E fia ver?

Dottore (*a don Pasquale*)
            (D'esitar non è più tempo,
Dite di sì.)

Norina[62]
            M'oppongo.

Don Pasquale[63]
                        Ed io consento.
(*a Ernesto*)
Corri a prender Norina,
E d'unirvi io m'impegno in sul momento.[64]

Dottore
        Senz'andar lungi la sposa è presta.

Don Pasquale
        Come? spiegatevi...

Dottore
                    Norina è questa.

Don Pasquale
        Quella?... Norina?... che tradimento!!
        Dunque Sofronia...

Dottore
                    Dura in convento.

---

62. **P**: didascalia "con veemenza".
63. **P**: didascalia "ad un tratto".
64. **P**: "recala, e vi fo sposi sul momento".

Don Pasquale
    E il matrimonio?...

Dottore
                    Fu un mio pensiero.
    Stringervi in nodo di nullo effetto
    Il modo a torvi di farne un vero.
    È chiaro il resto del romanzetto.[65]

Don Pasquale
    Ah bricconissimi... (Vero non parmi!
    Ciel ti ringrazio!) Così ingannarmi!
    Meritereste...[66]

Dottore[67]
                    Via siate buono.

Ernesto (*inginocchiandosi*)[68]
    Deh! Zio, movetevi!

Norina (*inginocchiandosi*)
                    Grazia, perdono!

Don Pasquale
    Tutto dimentico, siate felici,
    Com'io v'unisco, v'unisca il ciel![69]

---

65. **P**: "fu mio pensiero. / Il modo a togliervi di farne un vero, / in nodo stringervi di nullo effetto". Sia la versione di Ruffini che quella di Donizetti sono poco felici; ma tutto questo finale, dal punto di vista del libretto, appare un poco affrettato.
66. **P**: "così ingannarmi! / Meritereste..." non è musicato.
67. **P**: questa battuta è affidata anche a Ernesto e a Norina con la didascalia "in ginocchio".
68. **P**: questa battuta di Norina e la seguente di Ernesto non sono musicate.
69. **P**: aggiunge il Dottore: "Bravo, bravo, don Pasquale! / La morale è molto bella".

Norina
> La moral di tutto questo
> È assai facile trovar,[70]
> Ve la dico presto presto
> Se vi piace d'ascoltar:
> Ben è scemo di cervello
> > Chi s'ammoglia in vecchia età,
> > Va a cercar col campanello
> > Noie e doglie in quantità.[71]

Don Pasquale
> La morale è molto bella,
> > Applicarla a me si sta,
> > Sei pur fina o bricconcella
> > M'hai servito come va.

Dottore ed **Ernesto**
> La morale è molto bella,
> > Don Pasqual l'applicherà,
> > Quella cara bricconcella
> > Lunga più di noi la sa.[72]

---

70. P: "**Norina** (*con sorriso*): La moral in tutto questo / è assai facil di trovarsi".
71. Il rondò finale, per quanto riguarda le parole di Norina, fu un calvario per Ruffini, costretto a riscriverlo molte volte; finalmente, il sesto tentativo «andava bene. Già la doveva esser così, è il peggiore di quanto ne ho fatto». Per quanto ovvia, la conclusione si avvicina a quella di **Anelli**: "Un che in età decrepita / vuol diventar marito, / è uno sciocco rimbambito, / un matto da legar" (II, 9).
72. P: gli ultimi due versi sono intonati anche dal coro.

Appendice I

Dal *Ser Marcantonio* di Angelo Anelli, atto I, scena IV
(Tobia spiega alla sorella Bettina in qual modo farsi sposare da
Ser Marcantonio: corrisponde a *Don Pasquale*, atto I, scena V.
Vedi atto I, pag. 58, nota n. 59).

[*Recitativo*]

Tobia
Ma senti un mio progetto. Ho rilevato
Qual genere di sposa egli vorria:
Se tu, sorella mia, fossi capace
Di far bene una parte, ho meditata
Una bella commedia.

Bettina
                              Ci vuol altro?
Parla pur, che ho da far?

Tobia
                              A Marcantonio
Ho fatto dir, ch'io gli trovai la sposa:
Che a lui la condurrò; che, se gli piace,
Nel punto istesso si farà il contratto.
Or tu quella esser dèi.

Bettina
                              Scherzi, o sei matto?
Che ne dice Medoro?[1]

1. Medoro, nipote di Ser Marcantonio, è l'innamorato di Bettina; anch'egli in quest'opera non è, in un primo tempo, al corrente dello scherzo ordito ai danni dello zio.

Tobia

                    Anche di lui
Ci dobbiam divertir. Fidati. Alfine
Egli sarà tuo sposo;
Dorina sarà mia;[2] e al vecchio sciocco
Farem passar le voglie
Di gabbar i nipoti, e prender moglie.

                                               [*Duetto*]

Bettina

    Parlo schietto. Ov'io non manchi
      All'amor del caro bene,
      Farò imbrogli, farò scene;
      Già tu sai, se ne so far.

Tobia

    Non temere. Adoro, ed amo
      Ancor io la mia Dorina.
      Quest'imbroglio, che facciamo,
      Tende il vecchio a corbellar.

Bettina

    Siamo intesi. Prendo impegno.

Tobia

    La tua parte or io t'insegno.

Bettina

    Mi vuoi fiera?... mi vuoi mesta?...
      Deggio pianger, o gridar?

---

2. Dorina, di cui è innamorato Tobia, è l'altra nipote di Ser Marcantonio.

Tobia

La tua parte non è questa.
    Stammi un poco ad ascoltar.
Hai da far la semplicetta.

Bettina

Posso in questo dar lezione.

Tobia

Collo torto... bocca stretta.

Bettina

Proviam dunque quest'azione.
Ho vergogna... son zitella...
    Serva... grazie... signor sì.

Tobia

Brava brava mia sorella,
    Va benissimo così.

Bettina e **Tobia**

Che bel gioco!... Quel che resta,
    Presto andiamo a concertar.
    A quel vecchio affé la testa
    Questa volta ha da girar.

Appendice II

Don Pasquale, atto I, scena V, conclusione del Finale I, secondo il testo musicato (vedi atto I, pag. 60, nota n. 70).

Dottore
Collo torto, bocca stretta.[3]

Norina e **Dottore**
Or proviam quest'altra azione.

Norina (*con affettazione*)
Mi vergogno... son zitella...

Dottore
Brava, brava, bricconcella!
Va benissimo così.
Collo torto.

Norina
              Così...

Dottore
                        Brava.
Bocca stretta.

Norina
              Così...

Dottore
                        Ma brava.

3. Ruffini propone le stesse parole di **Anelli**, ma ne cambia l'ordine; Donizetti invece ritorna allo stesso ordine proposto da **Anelli**.

Norina e **Dottore**

Vado, corro al gran cimento,
Sì corriamo
Pieno ho il core d'ardimento.
A quel vecchio affé la testa
Questa volta ha da girar.

Norina

Mi comincio a vendicar.

Dottore

La saetta sentiremo ad iscoppiar.

Norina

Quel vecchione rimbambito,
A' miei voti invan contrasta;
Io l'ho detto e tanto basta,
La saprò, la vuo' spuntar.

Dottore

Poco pensa don Pasquale,
Che boccon di temporale
Si prepari in questo punto
Sul suo capo a rovesciar.

Appendice III

Don Pasquale, atto III, scena V, secondo il testo stabilito da
Donizetti per la rappresentazione al Kärntnertortheater di
Vienna del 14 maggio 1843
(vedi atto III, pag. 103, nota n. 36).

Dottore
(Coraggio.) Voi mentite.
Sofronia è donna tale,
Che non può, che non sa, non vuol far male:
Pretesti per cacciarla via di casa,
Fandonie che inventate: mia sorella
Capace a voi di perdere il rispetto?

Don Pasquale
La guancia è testimonio, il tutto è detto.

Dottore (*alterandosi*)
Non è vero!

Don Pasquale (*gridando*)
　　　　È verissimo...

Dottore
　　　　　　Signor!
Gridar cotanto parmi inconvenienza...

Don Pasquale
Ma se voi fate perder la pazienza!

Dottore (*calmandosi*)
Parlate adunque! (Faccia mia coraggio.)

Don Pasquale
Lo schiaffo è nulla, v'è di peggio ancora.
Leggete.
(*gli dà la lettera. Il Dottore legge, e fa segni di sorpresa fino all'orrore*)

Dottore
>Io son di sasso. (Secondiamo.)
Ma come? mia sorella... – sì saggia, buona, e bella...

Don Pasquale
Sarà buona per voi, per me no certo.

Dottore
Che sia colpevol sono ancora incerto.

Don Pasquale
Io son così sicuro del delitto,
Che v'ho fatto chiamare espressamente,
Qual testimonio della mia vendetta.

Dottore
Va ben! ma, riflettete...

Don Pasquale
Ho tutto preveduto, m'ascoltate...
Sediamo.

Dottore
>Sediam pure, ma...
(*in tuono minaccevole, poi calmandosi*)
>>>>parlate...

Don Pasquale
Cheti cheti ecc.

Collana di Libretti d'Opera

a cura di Eduardo Rescigno

Vincenzo Bellini

I Capuleti e i Montecchi (LB 138582)
Norma (LB 133767)
Il Pirata (LB 138832)
I Puritani (LB 136565)
La sonnambula (LB 135181)
La straniera (LB 138770)

Gaetano Donizetti

Anna Bolena (LB 138327)
Don Pasquale (LB 136993)
L'elisir d'amore (LB 135440)
Linda di Chamounix (LB 139214)
Lucia di Lammermoor (LB 134568)
Lucrezia Borgia (LB 138090)
Maria Stuarda (LB 134966)

Wolfgang A. Mozart

Ascanio in Alba (LB 139660)
Così fan tutte (LB 138990)
Don Giovanni (LB 136370)
Le nozze di Figaro (LB 138698)

Amilcare Ponchielli

La Gioconda (LB 138251)

Giacomo Puccini

Tutti i libretti in cofanetto (LB 139097)

La Bohème (LB 138896)
La fanciulla del West (LB 138955)
Madama Butterfly (LB 134616)
Manon Lescaut (LB 138204)
Tosca (LB 133957)
Il trittico (Gianni Schicchi - Suor
Angelica - Il tabarro) (LB 137641)
Turandot (LB 137938)

Gioachino Rossini

Il barbiere di Siviglia (LB 134612)
La Cenerentola (LB 138576)
La gazza ladra (LB 139335)
L'Italiana in Algeri (LB 134685)
Torvaldo e Dorliska (LB 139632)
Il Turco in Italia (LB 137355)

Giuseppe Verdi

10 libretti in cofanetto (Aida, Ernani,
Falstaff, La forza del destino,
Nabucco, Otello, Rigoletto, Simon
Boccanegra, La traviata, Il trovatore)
(LB 138159)

Aida (LB 133768)
Un ballo in maschera (LB 138540)
Don Carlo (LB 138991)
Il corsaro (LB 139135)
Ernani (LB 135231)
Falstaff (LB 135600)
La forza del destino (LB 138005)
I Lombardi alla prima Crociata
(LB 139134)
Luisa Miller (LB 138672)
Macbeth (LB 138511)
I masnadieri (LB 139777)
Nabucco (LB 134286)
Otello (LB 138067)
Rigoletto (LB 134686)
Simon Boccanegra (LB 137794)
Stiffelio (LB 139136)
La traviata (LB 136137)
Il trovatore (LB 137531)